TRAITÉ

DES

COMPTES DE GESTION

PARIS. — IMP. JOUSSET ET AUBÉ, 8, RUE DE FURSTENBERG

TRAITÉ

DES

COMPTES DE GESTION

A L'USAGE

DES RECEVEURS DES COMMUNES

ET ÉTABLISSEMENTS PUBLICS

DES SURNUMÉRAIRES PERCEPTEURS, DES CHEFS DES BUREAUX DE LA PERCEPTION

DES MEMBRES DES CONSEILS DE PRÉFECTURE

ET DES SECRÉTAIRES DE MAIRIES

PAR

L.-A.-A. DUBOIS

ANCIEN RECEVEUR DES FINANCES, PERCEPTEUR DES CONTRIBUTIONS DIRECTES

PARIS

JOUSSET ET AUBÉ, ÉDITEURS

IMPRIMEURS DE LA COMPTABILITÉ DES FINANCES ET DES TRAVAUX PUBLICS

8, rue de Furstenberg, 8

1887

AVANT-PROPOS

La publication d'un ouvrage absolument technique au point de vue des comptes de gestion à présenter par les receveurs des communes et établissements publics, résumant les instructions données, les méthodes consacrées par l'usage, aussi bien que les arrêts rendus et la jurisprudence constante, s'imposait à ce point que, malgré l'aridité d'une matière où rien n'est laissé à l'appréciation personnelle et à l'innovation, quelques auteurs n'ont pas reculé devant ce labeur ingrat, afin de donner au public les ouvrages spéciaux que chacun a pu apprécier au moment de leur publication.

Il a fallu, en effet, rechercher avec persévérance, recueillir sur divers points, synthétiser et coordonner des éléments nombreux, souvent contradictoires, les ramener par assimilation à une espèce prévue, ou pour mieux dire, à un cas particulier entrant dans l'esprit des règlements et les dispositions sommaires de l'article 1542 de l'Instruction générale du 20 juin 1849.

Mais tel ouvrage sur la matière qui a paru il y a quelques années, est aujourd'hui insuffisant, comme celui que nous présentons aux comptables le sera, à son tour, dans quelques années, lorsque des règlements nouveaux, des dispositions nouvelles, seront venus modifier l'état de choses existant.

Depuis 1871-1872, les gestions communales ont pris un développement constant, et l'on voit aujourd'hui se généraliser des opérations jusqu'alors considérées comme exceptionnelles et intéressant seulement les recettes municipales très importantes. Telles sont les opérations relatives aux emprunts, les acquisitions, échanges d'immeubles, les aliénations de terrains, les cessions, etc., etc., amiables ou par expropriation, en vertu de la loi d'utilité publique.

La conséquence de ce nouvel état de choses a été d'accroître la responsabilité des receveurs de communes et d'établissements publics dans une proportion considérable, et l'on ne saurait contester que si les comptables, déjà familiarisés avec la pratique de leurs devoirs en matière de comptes de gestion, peuvent sans beaucoup d'efforts acquérir les connaissances complémentaires exigées par la situation nouvelle, il ne saurait en être de même pour des débutants appelés à remplir des fonctions auxquelles, le plus souvent, ils sont demeurés jusqu'à ce jour absolument étrangers.

Il convient d'expliquer ici, aussi sommairement que possible, l'idée qui a présidé à la distribution des matières et à leur classification en deux parties distinctes.

L'une est réservée exclusivement aux développements des principes généralement admis pour la préparation des éléments devant servir à l'établissement régulier des comptes de gestion et à leur justification. Il y est traité des comptables et, à défaut, des personnes habiles à présenter un compte de gestion; des règles générales de comptabilité pratique et de leurs diverses exceptions; des juridictions spéciales compétentes à l'examen desquelles les comptes doivent être déférés; des changements de juridiction et des formalités à remplir en cas de changement de juridiction; de l'apurement des gestions et de la liquidation des cautionnements; des principes élémentaires de la loi sur le timbre; enfin, la première partie embrasse toutes les obligations imposées aux receveurs pour l'établissement, la présentation et la justification de leurs comptes, ainsi que pour la liquidation de leurs gestions.

Une table alphabétique renvoie le lecteur aux articles de l'ouvrage où ont été développées les questions spéciales se rapportant aux comptes de gestion, et à ceux où sont indiquées les justifications de recettes et de dépenses.

A cet effet, et pour les deux parties, il a été donné une série unique de numéros commençant au premier article de la première partie pour finir au dernier article de la seconde. Cette manière de procéder a semblé plus pratique que le numérotage distinct pour chaque partie, qui pouvait amener des confusions.

La seconde partie comprend, par subdivisions distinctes, la nomenclature des justifications des recettes et des dépenses budgétaires et extrabudgétaires des communes et des établissements publics. La multiplicité des opérations de toute nature, avec cette particularité que d'aucunes sont plus spéciales à certaines régions, n'a pas permis de les prévoir toutes individuellement; aussi a-t-il fallu les ramener aux espèces particulières auxquelles elles peuvent être comparées par assimilation et par analogie, pour les justifications à produire.

Les rapports existant entre les opérations de recettes et de dépenses faites pour le compte des communes et celles faites pour le compte des établissements publics sont si nombreux et si intimes, qu'il a paru plus logique de condenser tous les éléments se rapportant à une même espèce, dans les justifications afférentes aux communes, et d'y renvoyer par une mention de référence, lors de l'analyse des justifications propres aux établissements publics.

Il est certaines justifications de dépenses, notamment en matière d'acquisitions, échanges, ventes, cessions de terrains bâtis ou non bâtis, soit amiablement, soit en vertu des lois d'expropriation pour cause d'utilité publique, qui présentent pour les comptables un caractère exceptionnel de gravité, à raison de la responsabilité qu'elles leur font encourir lors des payements qu'ils ont à faire à ces différents titres; ces justifications ont été tout particulièrement étudiées, et les développements nécessaires à l'intelligence des règles admises par la jurisprudence des Conseils de préfecture et de la Cour des comptes ont été présentés sous la forme la plus concise et la plus claire.

Quant aux justifications similaires, une mention de référence, ainsi qu'il a été dit plus haut, renvoie à l'article principal où la question a été traitée, évitant ainsi des redites de nature à égarer les recherches loin de les éclairer; les particularités spéciales à la nature des opérations ont seules été indiquées.

Il serait téméraire assurément d'affirmer que le *Traité des Comptes de gestion* répond à tous les besoins. L'auteur, en se proposant d'atteindre ce but dans la mesure du possible, s'est surtout préoccupé d'analyser les principes le plus généralement adoptés, afin d'arriver à les uniformiser.

En effet, la jurisprudence spéciale en matière de vérification et de jugement de comptes de gestion déférés aux Conseils de préfecture, n'est point constante et invariable, contrairement à ce qui devrait exister, et quelque invraisemblable que le fait puisse paraître, l'expérience de chaque jour démontre d'une manière évidente que les exigences de tel ou tel Conseil de préfecture sont plus ou moins excessives, suivant les départements où ils siègent.

Le *Traité des Comptes de gestion* s'adresse donc aux receveurs de communes et établissements publics (hospices, bureaux de bienfaisance, syndicats), aux surnuméraires-percepteurs, aux chefs des bureaux de la perception dans les recettes des finances, aux membres des Conseils de préfecture et aux secrétaires de mairies.

C'est à l'attention et à la bienveillance de ce public spécial que l'auteur recommande son ouvrage.

L'Auteur.

TRAITÉ
DES
COMPTES DE GESTION
A L'USAGE
DES RECEVEURS DES COMMUNES ET ÉTABLISSEMENTS PUBLICS
DES SURNUMÉRAIRES PERCEPTEURS, DES CHEFS DES BUREAUX DE LA PERCEPTION

DES MEMBRES DES CONSEILS DE PRÉFECTURE

ET DES SECRÉTAIRES DE MAIRIES

PREMIÈRE PARTIE

FORMATION OU ÉTABLISSEMENT DES COMPTES DE GESTION

1. Les receveurs des communes, d'établissements de bienfaisance et d'associations syndicales sont tenus de rendre, en fin d'exercice ou de gestion, un compte détaillé de toutes leurs opérations de recettes et de dépenses. (Lois des 11 frimaire an VII et 28 pluviôse an VIII; arrêté du 4 thermidor an X; Instr. gén., art. mod. 1530.)

Présentation des comptes. — Dispositions générales.

Lorsqu'un compte est présenté par une personne autre que le receveur ou le préposé que l'administration aurait commis d'office à sa reddition (art. 1336), le signataire du compte doit justifier de la procuration spéciale à lui donnée par le receveur, et, si celui-ci est décédé ou hors d'état de donner procuration, par ses héritiers ou ayants cause, lesquels auraient eux-mêmes à justifier de leurs qualités. Le commis d'office est tenu de produire sa commission ou une copie de cet acte dûment certifiée. (Instr. gén. du 20 juin 1859, art. 1336-1530.)

Les comptes doivent être établis sur des formules conformes aux modèles donnés par la circulaire de la Direction générale de la comptabilité publique du 30 janvier 1866, selon les circonstances et suivant les prescriptions de l'article 1542 de l'Instruction générale, dont l'analyse est donnée ci-après.

2. Les comptes doivent être dressés en minute et triple expédition; la minute, réservée au comptable, doit être soumise au droit de timbre de dimension, dont les frais sont à la charge des communes, établissements de bienfaisance et syndicats. Les expéditions non timbrées sont destinées, l'une au Conseil municipal pour le règlement des chapitres additionnels, la seconde au Conseil de préfecture ou à la Cour des comptes (est jointe aux comptes de gestion), la troisième enfin à la mairie ou au conseil d'administration. (Décret du 27 janvier 1866, art. 7; Instr. gén., art. 636.)

Ils doivent être affirmés sincères et véritables, tant en recette qu'en dépense, sous les peines de droit, et être datés et signés par le comptable ou ses ayants cause. Ils doivent, en outre, être paraphés sur chaque feuillet et ne pas présenter d'interlignes: les surcharges, renvois et ratures doivent être approuvés et signés par le comptable. (Instr. gén., art. 1550.)

Après la présentation d'un compte, il ne peut y être fait aucun changement.

3. Il ne peut être présenté aucun compte devant l'autorité chargée de le juger, s'il n'est en état d'examen : à cet effet les comptes doivent être justifiés ainsi qu'il sera indiqué (1). (Instr. gén., art. 1551.)

4. Le comptable doit de plus, en terminant son compte, déclarer qu'il n'existe pas, à sa connaissance, d'autres recettes ou dépenses susceptibles d'y être portées. Dans le cas contraire, il devra signaler les opérations occultes, et, au besoin, annexer un rapport détaillé et circonstancié des faits, quand les développements nécessaires n'ont pu trouver place à la suite du compte.

5. La Cour des comptes et les Conseils de préfecture, qui sont soumis aux mêmes règles, ne peuvent, en aucun cas, refuser aux comptables justiciables l'allocation des payements faits sur les cré-

(1) *Voir* à la seconde partie de l'ouvrage.

dits régulièrement ouverts au budget, revêtus des formalités prescrites et accompagnés des pièces déterminées par les lois et par les règlements d'administration publique. Dans le cas où le comptable, ayant procédé par analogie ou assimilation avec des cas prévus par les lois et règlements, ne pourrait présenter les justifications qui lui seraient demandées, il devrait en référer à l'administration supérieure, à qui il appartient d'interpréter les instructions et de réparer les omissions. La décision statuant sur le fait, une fois notifiée au comptable, couvre entièrement sa responsabilité et devient pour lui obligatoire. (Loi du 16 septembre 1807; circ. int., 30 novembre 1876; décret du 31 mai 1862, art. 426 et 433.)

6. Les articles du compte ne doivent porter qu'une seule série de numéros, commençant au premier article de la recette et se continuant sans interruption jusqu'au dernier article de la dépense des services hors budget. (Instr. gén., art. 1534.)

7. Les numéros du compte doivent être portés sur chacune des pièces justificatives de recette ou de dépense. Ce numéro doit être inscrit à l'encre rouge, en haut et à droite de chaque pièce.

En conséquence, toutes les pièces afférentes à la justification d'un même article du compte doivent porter le même numéro du compte, et de plus un numéro de série spécial à chaque dossier. Le numéro du compte sera placé au-dessus du numéro de dossier, et si les deux numéros sont inscrits sur la même ligne, le numéro du compte devra être inscrit le premier.

8. Chacun des articles de recette et de dépense doit être justifié conformément aux indications portées dans la nomenclature et présenter une justification distincte; toutefois, pour les articles d'un même compte qui peuvent se rapporter à une même justification, il y a lieu de n'en produire qu'une seule, qui devient collective et qui est jointe à l'appui du premier article. Dans ce cas, il importe d'inscrire une mention de référence au premier article, sur les articles subséquents (1).

(1) Pour les comptables justiciables des Conseils de préfecture, il est généralement admis de rendre collectives les justifications qui se rapportent à des opérations de recettes et de dépenses comprises dans les comptes des différentes communes ou établissements formant la même réunion et ressortissant à la même juridiction; les mentions de références doivent alors être très

9. Le receveur qui se réfère, pour justifier une opération, à des pièces précédemment fournies, soit à l'appui du même compte, soit à l'appui de comptes antérieurs, doit indiquer sur le mandat la partie et l'article du compte auquel ces pièces ont été jointes. Cette référence n'est recevable que pour des pièces produites à l'appui de comptes soumis à la même juridiction.

10. Dans le cas où, au cours d'une opération reportée sur plusieurs exercices, il y aurait lieu à changement de juridiction, il doit être procédé comme si l'opération était inscrite pour la première fois au point de vue des justifications à fournir; de plus, le comptable doit donner, par une mention spéciale, le détail des opérations antérieures, afin que le rattachement puisse être fait et que l'opération puisse ainsi être suivie, jusqu'à ce qu'elle soit terminée, par la juridiction à laquelle elle ressortit.

11. Le montant des réductions des titres de recette sera indiqué sur le compte, dans la colonne d'observations, conformément à l'exemple donné au verso de la feuille de tête du compte de gestion; les ordonnances de décharge ainsi que les réductions de titres seront numérotées, ainsi qu'il est dit à l'article 7.

12. Le budget primitif et le budget supplémentaire doivent être copiés textuellement dans les colonnes 2, 3 et 4 du compte, soit en recette, soit en dépense, d'après l'allocation du préfet; les autorisations spéciales de recette ou de dépense sont inscrites à la suite de ces budgets dans les colonnes 3 et 4, suivant l'ordre de série donné par le préfet ou suivant leurs dates. (Instr. gén., art. 1533; circ. C. P., 30 janvier 1866.)

Les erreurs que les budgets peuvent contenir doivent être soumises à l'autorité compétente, seule juge de l'opportunité des rectifications.

Lorsque les crédits se rapportant à une même dépense sont ouverts sur le budget primitif et sur le budget additionnel, ou au tableau des autorisations spéciales, il y a lieu d'imputer toutes les dépenses faites au même titre sur l'article du budget primitif. Dans ce cas, la colonne d'observation du compte doit présenter, en

explicites, de manière à prévenir des recherches laborieuses et des confusions lors de l'examen et du jugement des comptes.

regard de l'article du budget primitif, le détail par articles et par sommes des crédits ouverts. Une mention spéciale, inscrite dans la même colonne du compte, doit faire connaître, en regard de chacun des crédits reportés, que les opérations afférentes à chacun de ces crédits ont été rattachées à l'article principal du budget primitif. (*Voir* l'exemple donné au verso de la feuille des comptes.)

13. La colonne des observations doit être exclusivement réservée aux indications de la nature de celles indiquées ci-dessus, ou de notes sommaires indispensables pour l'intelligence des opérations. Les explications ou les justifications des recettes et des dépenses, même de peu d'importance, doivent être consignées sur les fiches correspondantes dont il va être parlé.

14. Chaque article de compte doit être accompagné d'une fiche, *rose* pour les recettes, *jaune* pour les dépenses, distincte par article, et sur laquelle sont détaillées et totalisées toutes les opérations. En outre, les fiches de recette présentent une colonne faisant connaître le montant des réductions ou annulations de titres.

Chaque fiche doit porter les numéros du compte auquel elle se rapporte; ces numéros sont inscrits sur chacune des pièces justificatives composant le même dossier; de plus, les fiches doivent donner le détail avec numéro spécial (art. 7) de toutes les pièces d'un même dossier. Le total porté sur chacune des fiches doit présenter une somme égale à celle inscrite sur chaque article du compte. Dans le cas de différence, le comptable doit fournir des explications et produire les justifications nécessaires, s'il y a lieu.

15. Suivant l'importance des comptes, ces fiches pourront être établies sous forme de fiches simples ou de chemises-fiches, sur feuille double. Pour les comptes d'une faible importance, les fiches pourront être remplacées par une récapitulation en marge de la première pièce de recette ou de dépense de chaque article. Il convient alors de lier fortement les pièces à l'aide d'un poinçon et d'une ficelle, en ayant soin de les percer assez près du bord pour ne pas en empêcher l'examen.

16. Les articles de recette du compte pour lesquels aucune opération n'a été faite, doivent être justifiés par un certificat négatif, énonçant les motifs du non-recouvrement. Ce certificat peut être collectif. (Instr. gén., art. 1537.)

17. Le compte de chaque exercice doit être divisé en recette et en dépense, par trois chapitres principaux, qui sont les suivants : *Recettes ou Dépenses ordinaires*, *Recettes ou Dépenses extraordinaires*, *Recettes ou Dépenses supplémentaires*. Ce dernier chapitre, plus communément connu sous la désignation de *Budget, ou chapitres additionnels*, se subdivise en autant de paragraphes qu'il est nécessaire d'en introduire ; ces subdivisions sont les suivantes :

En recette : *Section I, opérations supplémentaires*, comprenant les restes de l'exercice précédent ; *Section II, recettes non prévues au budget primitif*, et *Section III, recettes en vertu d'autorisations spéciales*.

En dépense : *Section I, restes à payer sur l'exercice précédent ; Section II, crédits réservés pour dépenses spéciales ; Section III, dépenses nouvelles et suppléments de crédits ; Section IV, autorisations spéciales*. (C. P., 30 janvier 1866.)

Expéditions timbrées.

18. Les expéditions ou extraits d'actes produits pour la justification des recettes ou des dépenses sont assujettis à la formalité du timbre de dimension, sauf les exceptions indiquées spécialement dans la nomenclature et le cas où les expéditions en due forme sont retenues par le comptable pour les besoins du service, comme il sera dit ultérieurement. Dans tous les cas, les expéditions doivent porter la mention de l'enregistrement apposée sur la minute. (Instr. gén., art. 1542-1543.)

Les minutes d'actes doivent être conservées aux secrétariats ou aux archives des mairies et conseils d'administration. Cependant, si malgré les observations qu'ils auraient dû présenter à cet effet, les comptables étaient saisis, au titre de pièces justificatives et titres de recette, des minutes elles-mêmes de ces actes, ils devraient les retenir et les produire dans leur comptabilité à la place des expéditions réglementaires ; dans ce cas, ils devraient indiquer par une mention spéciale y annexée, l'obligation qui leur a été faite de procéder par exception et contrairement aux règles établies.

Les expéditions d'actes doivent être délivrées sur papier timbré à 1 fr. 80, dit *papier-expédition ;* au surplus, et compensations faites d'une feuille à l'autre, les expéditions ne peuvent contenir plus de vingt-cinq lignes par page; l'empreinte du timbre ne peut être couverte d'écritures ni altérée, le tout sous peine d'amendes. (Loi de brumaire an VII, 2 juillet 1862, 23 août 1871.) Enfin les expéditions d'actes notariés doivent être revêtues du timbre humide ou du timbre en relief du notaire. Les signatures de notaires apposées sur des expéditions d'actes délivrées par eux doivent toujours être légalisées par le juge de paix, lorsque les notaires ne résident pas au siège du tribunal, et par le président du tribunal pour ceux qui y résident. Toutefois, les actes des notaires à la résidence des cours d'appel peuvent n'être légalisés que lorsqu'il doit en être fait usage hors du ressort.

19. Les comptables-receveurs n'ayant pas qualité pour apprécier la validité des expéditions d'actes, au point de vue de la forme, peuvent et doivent faire leurs observations aux intéressés, mais non pas refuser de recevoir ces expéditions, alors même qu'elles leur sembleraient entachées d'irrégularité de l'espèce.

20. Malgré les prescriptions de l'Instruction générale (art. 825, 888, § 8, et 910) il arrive fréquemment que les comptes présentent des restes à recouvrer sur les produits de l'exercice précédent. Dans ce cas, les sommes restant à recouvrer à la clôture de l'exercice, doivent être scrupuleusement reportées sur le compte de l'exercice suivant, avec distinction par article et, s'il y a lieu, par exercice, sans que la somme totale de ces restes puisse jamais être cumulée en un seul article.

Titres constitutifs de rentes. — Renouvellement.

21. Aux termes de l'article 2263 du Code civil, les titres constitutifs de rentes se prescrivant par trente ans révolus, le débiteur d'une rente peut être contraint à fournir, à ses frais, un titre nouveau, à son créancier ou à ses ayants cause, après vingt-huit ans de la date du dernier titre.

En conséquence, les receveurs étant chargés sous leur responsabilité de la conservation des biens, droits, privilèges et hypothèques, comme aussi de la perception des revenus, doivent exiger en temps utile le renouvellement des titres et inscriptions, et en empêcher la prescription. (Instr. gén., art. 822, 849.)

22. A cet effet, et dans le cas où il se présenterait des difficultés pour arriver à la constitution des titres nouveaux (1), les comptables doivent en référer aux administrations municipales, qui sont chargées de prendre les mesures nécessaires pour empêcher les effets de la prescription et dégager ainsi la responsabilité des receveurs.

Inscriptions hypothécaires. — Prescription. — Renouvellement.

23. Les inscriptions hypothécaires pour la conservation des titres de rentes et créances, etc., etc., étant frappées par la prescription décennale, à compter du jour de leur date (sauf pour le Crédit foncier de France), les receveurs doivent, six mois au moins avant la déchéance, aviser soit directement, soit indirectement, par le ministère d'officiers ministériels, au renouvellement de ces inscriptions, et ce, aux frais des débiteurs. (Instr. gén., art. 849.)

Fruits civils. — Calcul d'intérêts.

24. Les fruits civils s'acquièrent jour par jour (art. 586 du Code civil); le calcul des intérêts, lorsqu'il s'agit des ventes, échanges et acquisitions par les communes et établissements, doit donc être fait suivant le calendrier grégorien, d'après le nombre réel de jours écoulés et non d'après l'année supposée de 360 jours. (Intér., 1er septembre 1865.)

Établissement des mandats.

25. Les mandats délivrés par les maires ou ordonnateurs de la dépense doivent contenir les indications suivantes : 1° le nom de la commune ou établissement; 2° désignation de l'exercice; 3° désignation de la gestion; 4° nature du crédit; 5° article du budget primitif, additionnel ou de l'autorisation spéciale, et la date de cette dernière; 6° montant des crédits ouverts; 7° montant du mandat en chiffres et en toutes lettres; 8° noms, qualités et profession de la partie prenante, son domicile; 9° objet du payement; 10° somme à payer; 11° indication des pièces justificatives jointes au mandat; 12° date de l'ordonnancement, signature de l'ordonna-

(1) On dit aussi : titres nouvels.

teur et cachet de la mairie ou de l'établissement; 13° acquit daté et signé de la partie prenante, timbré suivant le cas. (Instr. gén., art. 987, 993, 998 et suiv., 1085.)

Conditions de validité d'un mandat.

26. Les mandats de payement délivrés par les maires ou les ordonnateurs de la dépense sur la caisse des receveurs, ne sont que des actes d'administration intérieure, établis pour l'ordre de la comptabilité, mais ils peuvent constituer un titre de payement entre les mains de ceux au bénéfice desquels ils sont délivrés, sous la condition expresse que les sommes qui en font l'objet sont le prix de fournitures faites ou de services rendus. D'où il suit que le titre de créance résulte d'une livraison faite, d'un travail exécuté, d'un service accompli dans des conditions particulières, déterminées à l'avance, et après liquidation de l'ordonnateur de la dépense.

Justifications des dépenses.

27. Aucune dépense ne peut être acquittée par le receveur municipal si elle n'a été préalablement ordonnancée sur un crédit régulièrement ouvert, et si elle n'est appuyée des justifications réglementaires prévues par les Instructions.

28. Les crédits ouverts aux budgets ne constituent que de simples prévisions, et ne sauraient être un titre suffisant à la dépense à laquelle ils s'appliquent. La dépense ne peut être faite que sous les conditions déterminées ci-dessus, et sous la réserve que les parties produisent leurs titres de créances.

Autorisations spéciales. — Leur caractère. — Distinction.

29. Les autorisations données par l'administration préfectorale, soit pour des entreprises, soit pour des fournitures, livraisons, marchés, etc., etc., soit enfin pour des recettes qui ont pour objet de faire face à ces dépenses, ne peuvent être considérées comme des autorisations de payements, alors même que le budget présenterait en recette une somme équivalente; l'approbation étant spéciale à la chose à laquelle elle a pour but de pourvoir, il est indispensable d'obtenir une autorisation spéciale de dépenses, un crédit supplémentaire dont l'affectation sera exclusive à la dépense prévue (1). (Instr. gén., art. 975.)

Ordonnancement de la dépense.

30. L'arrêté d'ordonnancement de la dépense doit stipuler en toutes lettres, soit sur le mandat, soit sur les pièces à l'appui, les sommes à payer, inscrites en chiffres dans le corps de ce mandat et des pièces.

Ratures et surcharges.

31. Les prescriptions relatives aux ratures et surcharges édictées pour les mandats et les comptes sont applicables aux pièces justificatives y afférentes. L'approbation comporte toujours une nouvelle signature, qui est donnée soit par l'ordonnateur, soit par l'intéressé, suivant les circonstances. Tout renvoi ayant pour objet d'ajouter des énonciations omises doit être également approuvé comme en matière de rature et de surcharge. L'approbation ne serait point valable, si la rectification qui en fait l'objet était interlignée au-dessus de la signature premièrement apposée. (Circ. fin., 30 juillet 1852.)

Payements. — Obligations des receveurs.

32. Les comptables n'ayant pas qualité pour apprécier le mérite des faits auxquels se rapportent les pièces produites à l'appui de chaque mandat, doivent acquitter ces mandats à présentation lorsque la partie prenante remplit les conditions voulues par les Instructions. Dans le cas où le comptable croirait devoir refuser le payement pour une raison particulière, il devrait, sur la demande de l'intéressé, lui délivrer une déclaration écrite et motivant le refus opposé par lui au payement. (Instr. gén., art. 1003.)

(1) Il y a lieu cependant d'excepter les secours ou subventions accordés aux communes pour l'achèvement ou la réparation des chemins vicinaux qui entraînent, comme conséquence de leur délivrance, l'autorisation d'emploi sur les chemins vicinaux, sous le contrôle de l'administration spéciale des chemins vicinaux.

Refus de payement.

Si le comptable avait des raisons suffisantes pour douter de l'identité de la partie prenante, il pourrait exiger d'elle soit une preuve écrite, soit le témoignage de deux personnes à la connaissance du comptable et de l'intéressé.

Retard de payement.

Au cas où l'examen des pièces produites à l'appui du mandat à payer comporterait un temps assez long et nécessiterait une communication à la recette des finances, le comptable devra faire connaître cette circonstance à la partie et procéder en conséquence.

Au surplus, il convient qu'un comptable qui pour une cause quelconque a cru devoir surseoir au payement de mandats, en réfère immédiatement à l'ordonnateur pour les mesures à prendre.

Ordonnancement.

33. Les mandats doivent être ordonnancés par le maire seul ou par son délégué, et, suivant le cas, par l'ordonnateur de la dépense. Ils doivent être délivrés au profit et au nom des créanciers directs et réels des communes et établissements, c'est-à-dire aux personnes qui ont rendu le service, effectué les travaux ou fournitures et qui ont des droits à exercer. (Instr. gén., art. 986 à 992.)

Refus du maire.

34. Aux termes de l'article 152 de la loi du 5 avril 1884, si le maire refusait d'ordonnancer une dépense régulièrement autorisée et liquide, il serait prononcé par le préfet en conseil de préfecture, et l'arrêté du préfet tiendrait lieu du mandat du maire.

Mémoires. — Règle pour les établir.

35. Tout mémoire ou facture joint à l'appui d'un mandat doit être établi sur timbre, suivant les règles qui seront indiquées dans la nomenclature (1). Le mémoire doit présenter le détail des fournitures ou travaux faits avec indication de la date, du prix de l'unité et de la somme due par article. Les quantités et les espèces doivent être portées en termes légaux, conformément aux indications du système métrique et décimal, et non point suivant l'usage des lieux. Le mémoire est arrêté en toutes lettres, daté et signé par le fournisseur ou créancier. Il est ensuite arrêté en toutes lettres par le maire ou ordonnateur, qui doit dater et signer, et de plus apposer le cachet de la mairie auprès de sa signature. Enfin la partie prenante doit dater et signer pour acquit de la somme portée au mémoire. De plus, le mémoire doit être timbré au timbre de quittance à 10 centimes. (Loi du 4 juillet 1837; loi du 23 août 1871.)

A défaut de l'exécution rigoureuse de ces prescriptions le titre de créance peut être rejeté et mis à la charge du comptable, sauf recours de ce dernier contre l'intéressé.

Timbre des mandats et mémoires.

36. Aux termes d'une décision ministérielle (2), l'apposition du timbre-quittance soit sur les mémoires et factures, soit sur les mandats qui les accompagnent, ne saurait constituer une irrégularité. Il suffit que le droit de timbre dû pour une créance supérieure à 10 francs, et suivant les règles générales, soit acquitté, pour que les prescriptions de la loi soient accomplies. Le timbre peut donc indifféremment être appliqué sur le mandat, avec l'acquit donné pour ordre par le créancier, ou sur le mémoire à l'appui, sans que l'administration de l'enregistrement puisse relever une contravention à la loi sur le timbre.

Toutefois, comme le mandat, lorsqu'il est accompagné d'un mémoire, est plutôt une pièce d'ordre, et que c'est pour ordre que l'acquit de la partie prenante y est apposé, il semble plus rationnel de timbrer le mémoire, qui est le titre libératoire.

37. Il résulte de ce qui précède que lorsqu'un mandat est appuyé d'un mémoire, le caractère de pièce comptable est attaché à ce

(1) Il est établi un mémoire sur timbre pour toutes les dépenses supérieures à 10 francs. Pour des sommes inférieures, le détail de la dépense peut être donné dans le corps du mandat, qui n'est pas assujetti au timbre.

(2) Département du Var, Brignoles, 1878-1879.

mémoire, alors que le mandat ne peut plus être considéré que comme une pièce d'ordre. Le comptable doit donc mentionner à l'acquit donné au pied du mandat que cet acquit est *pour ordre* et n'a aucun caractère libératoire.

L'orthographe des noms portés sur les mandats doit être conforme à celle de l'acquit.

38. Le nom de la partie désignée sur le mandat et sur le mémoire doit être rigoureusement orthographié comme celui apposé par elle à l'acquit. Toute différence constituerait un défaut d'identité que l'intéressé devrait faire régulariser, soit par la production d'une nouvelle pièce conforme, soit par la production d'un certificat de propriété notarié qui demeurerait joint au mandat.

Droit de réquisition de payement.

39. Le droit de réquisition de payement accordé aux ordonnateurs des dépenses de l'État par le décret du 31 mai 1862 (art. 91) n'existe pas en matière de dépenses communales et charitables. (Circ. int., 22 février 1870.)

Mémoire collectif.

40. Quand plusieurs personnes se réunissent pour présenter un mémoire collectif, les signatures ou acquits donnés par chacune d'elles ne sauraient constituer autant d'actes distincts; il y a lieu de considérer qu'il s'agit d'une même créance, intéressant plusieurs individus, il est vrai, mais faisant l'objet d'un seul mémoire. Dans ce cas, un seul mémoire suffit, mais il y a lieu d'exiger, ainsi qu'il sera dit ultérieurement, autant de timbres à 10 centimes qu'il y a de créances distinctes supérieures à 10 francs.

Payement d'une créance inférieure à 150 francs à une personne illettrée.

41. Lorsque la partie prenante est illettrée, et que le mandat ou titre de créance dont elle est porteur est d'une somme de moins de 150 francs, le payement peut être valablement fait entre les mains de la partie intéressée, sous la condition expresse qu'il a lieu en présence de deux témoins qui apposent leur signature à l'acquit, même à la place de la partie illettrée. Dans ce cas, les mandats ou mémoires doivent porter une mention spéciale, et le payement doit être certifié par le receveur qui l'a effectué, par l'apposition de sa signature. (C. P., 15 juillet 1853 et 14 avril 1874.)

Preuve testimoniale. — Témoins habiles.

42. Il est interdit aux comptables de se servir du témoignage de leurs commis ou employés. (Circ. du 15 juillet 1853.) Ne peuvent également servir de témoins les parents ou alliés du comptable, jusqu'au degré de cousin issu de germain inclusivement; les parents et alliés de sa femme au même degré, ses serviteurs et domestiques (art. 39 et 283 du Code de procédure civile).

Quittances supérieures à 150 francs données par des illettrés.

43. Lorsque la partie illettrée est porteur d'un mandat d'une somme supérieure à 150 francs, la quittance ne peut plus être donnée par deux témoins; il est nécessaire de produire une quittance notariée à la charge de la partie prenante. La quittance est admise à l'enregistrement gratis, mais elle est assujettie au timbre. (Instr. gén., art. 709, 1005.)

Quittances administratives.

44. La quittance administrative est délivrée par le maire; elle est timbrée et enregistrée gratis. (Compt. publique, 26 juin 1869, § 9.)

Les quittances relatives au payement d'indemnités de terrains pour cause d'utilité publique, pour des sommes au-dessus de 150 francs, peuvent être données dans la forme d'actes administratifs, en exécution de la loi du 3 mai 1841. (Instr. gén., art. 709, 1005.) Nonobstant la quittance administrative, le payement doit être fait en présence de deux témoins, selon la marche usitée pour les payements aux illettrés, pour des sommes inférieures à 150 francs. Il convient d'entourer le payement de cette garantie, attendu que la quittance administrative n'est admise comme authentique que jusqu'à inscription de faux. (Circ., 25 juillet 1839.) Les mêmes dispositions sont applicables aux prix de terrains, en vertu d'acquisitions, cessions et expropriations pour le service des chemins vicinaux. (Loi du 3 mai 1841; 26 juin 1866.)

Perte de mandat.

45. Dans le cas de perte de mandat, le payement peut être valablement fait sur le vu d'un duplicata de ce mandat délivré par l'ordonnateur et sous la réserve expresse que le duplicata porte une mention faisant connaître que le primata est annulé. (Instr. gén., art. 186; règlement du 26 janvier 1846, art. 131.)

Mémoire unique afférent à plusieurs crédits et à un même créancier.

46. Il peut n'être établi qu'un seul mémoire afférent à plusieurs crédits, à raison de la diversité des travaux ou fournitures faites, lorsque ce mémoire est présenté par le même créancier. Dans ce cas, il n'y a effectivement qu'un seul droit de quittance dû; mais il convient, pour le bon ordre et l'intelligence de la comptabilité, de produire autant de mandats du maire qu'il y a de crédits intéressés, et de les faire tous acquitter pour ordre par le créancier. Une mention de référence à l'article de la dépense, à l'appui de laquelle le mémoire a été joint, doit faire connaître l'opération sur chacun des mandats quittancés pour ordre; et, inversement, une mention spéciale devra être consignée sur chacun des mandats quittancés pour ordre et renvoyer, pour la justification, à la pièce de dépense à laquelle celle-ci a été jointe.

Payement d'acompte.

47. Aucun marché, aucune convention pour travaux et fournitures ne peut stipuler d'acompte que pour un service fait.

Limite de payement des acomptes.

48. Les acomptes ne doivent pas excéder les cinq sixièmes des droits constatés par pièces régulières, à moins que des règlements spéciaux n'aient déterminé une autre limite. (Décret du 31 mai 1862.)

49. Dans le cas où, par suite d'une erreur ou de circonstances imprévues, les acomptes excèdent le montant d'une créance définitivement liquidée, les pièces justificatives de la dépense doivent être, sur la demande de l'ordonnateur et par les soins du receveur, rattachées au dernier mandat. (Règl. du 26 décembre 1866.) Il convient alors de provoquer une délibération du Conseil municipal ou de la commission administrative tendant à régulariser la situation. La délibération ne peut avoir d'effet que tout autant qu'elle est revêtue de l'approbation du préfet. (Loi du 5 avril 1884, art. 68.)

Nullité de payement.

50. Tout payement fait entre les mains d'un entrepreneur assujetti à un cautionnement est nul et mis à la charge du receveur qui l'a effectué, s'il n'est pas préalablement justifié de la réalisation de ce cautionnement. (Règl. du 26 décembre 1866.)

51. Le receveur qui aurait payé une somme excédant le montant du crédit ou des crédits ouverts au budget, demeurerait personnellement et pécuniairement responsable de cet excédent, et, de ce fait, pourrait être tenu à la restitution du principal et des intérêts indûment avancés par lui.

Réclamation de payement non recevable.

52. D'autre part, un entrepreneur qui aurait exécuté des travaux en dehors de ceux stipulés dans les cahiers des charges, plans et devis approuvés, ne serait point fondé à en réclamer le payement. (Instr. gén., art. 1023.)

Traitements, conditions d'exigibilité.

53. Les traitements et autres émoluments personnels, tels que suppléments, indemnités, gages, salaires, sont acquis aux employés à raison de l'accomplissement des fonctions et des services y afférents. (Règl. du 26 décembre 1866, art. 44 et 45.)

Jouissance.

54. En conséquence, la jouissance est acquise au titulaire à partir du jour de son installation, à moins que l'entrée en jouissance ne résulte de l'acte même de la nomination. Les droits au traitement de l'intérimaire ou du titulaire s'éteignent le jour de l'installation de leur successeur, c'est-à-dire le lendemain du jour de la cessation de leur service. (Règl. du 26 décembre 1866, art. 44 et 45.)

Liquidation des traitements.

55. Les traitements et émoluments se liquident par mois et à terme échu. Les mois sont indistinctement comptés pour trente jours. Le douzième de l'allocation se divise donc en trentièmes; chaque trentième est indivisible. (Règl. du 26 décembre 1866, art. 63.)

En conséquence, tout payement fait et constaté par anticipation à valoir sur un traitement ou émolument quelconque expose le comptable à un reversement de ses deniers personnels, sans préjudice d'une reprise des intérêts courus, depuis le jour du payement jusqu'au jour de l'échéance.

Traitement d'un employé aliéné.

56. Le traitement d'un employé absent pour cause d'altération des facultés mentales et soigné dans un établissement public peut être payé, sauf déduction des retenues, sur l'acquit du receveur de cet établissement appuyé de la quittance à souche délivrée par ce comptable, et sur la production d'un certificat de vie du malade, délivré par le directeur de cet établissement; la signature de ce dernier doit être légalisée par le maire; de plus, le mandat doit être visé par l'administrateur. (Règl. du 26 décembre 1866, art. 63, n° 28.)

Dépenses faites en plusieurs payements répartis sur plusieurs années.

57. Lorsqu'une dépense, à raison de son importance ou du défaut de ressources suffisantes, doit être faite en plusieurs payements répartis sur plusieurs exercices, il y a lieu de joindre, à l'appui du premier payement, les pièces qui établissent les droits des créanciers, ainsi, du reste, qu'il sera dit dans la nomenclature. Les payements pour solde doivent être appuyés de toutes les justifications réglementaires; quant aux payements intermédiaires, il suffit de rappeler sur les mandats au vu desquels ils sont faits que les titres de créances sont joints à l'appui du premier payement, en indiquant les numéros du compte de l'année où il a été rendu.

L'acquit doit être donné par l'intéressé en présence du comptable, au moment du payement.

58. Les parties prenantes doivent elles-mêmes donner leur quittance, dater et indiquer le lieu du payement en présence du comptable chargé du payement. Dans le cas où un mandat serait présenté revêtu préalablement de la date de l'acquit et de la signature de la partie intéressée, le comptable peut, dans le doute sur l'identité du créancier, exiger une nouvelle signature. (Instr. gén., art. 1005; C. P., 21 janvier et 1er février 1867.)

Quittances, conditions de validité.

59. La quittance ne doit contenir ni restrictions ni réserves. Elle doit être apposée au bas de l'écrit libératoire lui-même. Cet écrit est le mandat lui-même, quand les règles de la comptabilité n'exigent pas de justification à l'appui; c'est le mémoire timbré quand il y a lieu à production de cette pièce; dans ce cas (art. 709), le mandat doit être acquitté pour mémoire et pour ordre.

Virements de crédits. — Interdiction.

60. Les ressources créées pour un service déterminé et affectées à un crédit distinct, ne peuvent être détournées de leur affectation première sans une autorisation régulière. En matière de chemins vicinaux, cette autorisation doit être visé par le service vicinal.

61. Tout emploi de fonds effectué contrairement aux règles ci-dessus sera rejeté des comptes et mis à la charge des comptables ou de l'ordonnateur, selon le cas. (Circ. int., 1er juillet 1872.)

Mandats au nom d'une société.

62. Tout mandat délivré au nom d'une compagnie ou d'une société de commerce doit être appuyé d'une expédition ou d'un extrait de l'acte de société, sous seing privé ou notarié, dûment certifié par le greffier du Tribunal de commerce du lieu où la société a été établie. Cette expédition doit contenir les indications relatives à la raison sociale ou dénomination adoptée par la société et au siège de la société; elle doit faire connaître les noms des associés autorisés à gérer, administrer et signer pour la société, l'époque de la création et celle de la cessation, ainsi que les changements qui ont pu survenir. (Loi du 24 juillet 1867.) Dans le cas où il n'existerait pas d'acte de société, on y suppléerait par la production d'un acte de notoriété, dressé sur l'attestation de deux commerçants au moins, faisant connaître les noms des associés, lesquels devraient alors concourir ensemble à la quittance.

63. S'il s'agit d'une société en nom collectif, l'associé ayant reçu mission de recevoir doit apposer la signature sociale sur la quittance; si la société est anonyme ou en commandite, le gérant, le directeur ou l'administrateur a qualité pour toucher.

Mandat au nom d'un failli.

64. En cas de faillite d'un créancier, le mandat est payé au syndic sur la production d'un extrait du jugement qui l'a nommé ou d'une ordonnance du juge-commissaire de la faillite, dûment enregistrée et revêtue du sceau du tribunal, si le syndic y est nominativement désigné.

Griffes. — Écritures au crayon. — Nullité.

65. Les signatures griffées apposées sur les mandats et sur toutes les pièces à l'appui sont absolument interdites et elles doivent être rigoureusement refusées. Les signatures non plus que les écritures au crayon n'ont aucune valeur; elles ne peuvent être acceptées par les comptables. (Intér., 6 juillet et 1er août 1843; C. P., 7 décembre 1866.)

Quittances collectives ou individuelles.

66. L'émargement à donner par les ayants droit sur des états nominatifs joints aux mandats, dans certains cas, peut toujours être suppléé par des quittances séparées qui sont annexées aux états produits aux receveurs municipaux. (C. P., 1er décembre 1865.)

Mandats présentés par des fondés de pouvoirs.

67. Lorsque les mandats sont présentés par des fondés de pouvoirs, ceux-ci doivent justifier de leurs qualités par la production de la procuration spéciale ou au moins générale qui leur a été souscrite par le ou les créanciers réels. L'expédition de la procuration ou, suivant le cas, la procuration elle-même doit rester à l'appui du mandat de payement. (22 frimaire an VII.)

Forme des procurations.

68. Les procurations sont établies devant notaire ou sous seing privé. La procuration notariée est celle qui garantit le mieux la responsabilité du comptable; cependant il peut se contenter d'une procuration sous seing privé lorsque les parties lui sont connues et qu'il n'a pas de raison de suspecter la sincérité de l'acte.

Procurations spéciales sous seing privé.

69. Les procurations spéciales doivent spécifier d'une manière très explicite les noms du mandant et du mandataire, leurs qualités et domiciles, l'objet de la créance, le montant à toucher et répondre à tous les besoins de la situation. Elles doivent être établies sur timbre et enregistrées. De plus, la signature du mandant, apposée sur le sous-seing privé, doit être légalisée par le maire et revêtue du sceau de la mairie, la signature du maire doit être légalisée par le sous-préfet ou le préfet. (Loi du 24 mai 1861.)

Procurations notariées.

70. Pour les procurations notariées, l'expédition remise à la partie doit être revêtue de la signature et du sceau du notaire qui l'a établie. La signature du notaire est légalisée par le président du Tribunal civil, pour les notaires résidant au siège du Tribunal, ou par le juge de paix pour ceux qui n'y habitent pas.

Procurations générales.

71. Les procurations générales méritent une grande attention, un examen scrupuleux de la part des comptables. Conçues le plus souvent en termes généraux, elles peuvent être jugées insuffisantes, par cela même que ne précisant rien, elles laissent douter si l'opération dont il s'agit a bien été comprise parmi celles pour lesquelles le pouvoir a été donné.

Justification des payements faits à des fondés de pouvoirs.

72. Les mandats payés en vertu de procurations doivent être appuyés de cette procuration, si elle a été établie sous seing privé, et de l'expédition si la procuration est notariée. Dans le cas où il serait ultérieurement fait d'autres payements, en vertu d'une procuration déjà produite, les mandats subséquents devraient en faire mention et indiquer le mandat primitif ainsi que le numéro du compte et l'année où cette pièce a été produite.

Extrait de procuration à délivrer à la partie intéressée.

73. Au moment de la remise de l'expédition d'une procuration aux comptables-payeurs, ceux-ci doivent en remettre un extrait au mandataire, après l'avoir préalablement visé. Lors des payements subséquents, le mandataire est tenu de représenter cet extrait *visé*, sous peine d'être obligé de fournir une expédition nouvelle.

Conditions de validité des actes passés en pays étranger.

74. Les actes passés en pays étrangers (autres que l'Angleterre et ses possessions et que la république de l'Uruguay) peuvent être considérés comme valables, alors même qu'ils seraient traduits ou légalisés par des agents consulaires étrangers à la France, au lieu de l'être par des agents consulaires français à l'étranger, sous la condition expresse qu'ils soient légalisés, en dernier lieu, au ministère des affaires étrangères.

75. Les signatures des consuls italiens en France sont acceptées par les comptables du trésor lorsqu'elles sont légalisées par le président du Tribunal de première instance de leur ressort.

Cessions. — Transports.

76. Les actes de transport de créances doivent aussi être établis sur papier timbré et produits à l'appui de la dépense (*voir* ci-dessous 78).

Personnes habiles à donner procuration et à faire cession de créances.

77. Ne peuvent donner procuration, faire cession ou transport, les incapables, mineurs, interdits, les femmes mariées non séparées de bien et un individu quelconque au nom d'une compagnie. Seuls, les tuteurs, curateurs et les femmes assistées de leurs maris ont cette qualité. Dans le cas où les statuts le permettent, les administrateurs de sociétés anonymes peuvent se substituer un mandataire étranger à la société. (Loi du 24 juillet 1867.)

Forme des transports.

78. Le transport-cession peut être établi sous seing privé ou devant notaire. Dans le cas où le transport aura été signifié au comptable par voie d'huissier, le comptable devra considérer cet acte comme un avis de ne pas avoir à payer au créancier primitif, mais bien à son cessionnaire. Cette signification ne saurait constituer la preuve de la régularité du transport; à l'appui de la dépense il y a lieu de produire le transport lui-même. Une expédition timbrée est donc, en tous cas, nécessaire.

Mandat au nom d'une femme exerçant un commerce.

79. Toute dépense mandatée au profit d'une femme faisant un commerce est valablement payable à cette femme si la dépense pour objet des fournitures faites par elle, en sa qualité de commerçante. Dans ce cas, l'assistance ou l'autorisation du mari devient inutile. (Code civil, art. 220; Code comm., art. 4, 5, 7.)

Mandat au nom d'époux mariés en communauté.

80. Le mari peut donner seul quittance d'une somme mandatée au nom de sa femme, pourvu qu'il soit marié sous le régime de la communauté et que son contrat de mariage ne s'y oppose pas. Le comptable devra alors se faire présenter le contrat de mariage et ne passer outre au payement qu'après avoir acquis la preuve qu'il n'existe ni réserve ni condition de remploi. Mention de ces dispositions devra être consignée sur le mandat.

Quittance de femme séparée de biens.

81. La quittance d'une femme séparée de biens est régulière lorsqu'elle est appuyée de l'acte qui établit la séparation.

Femme divorcée.

82. Les mandats souscrits au nom d'une femme divorcée peuvent énoncer la qualité de : *épouse divorcée du sieur...*, mais l'acquit doit porter exclusivement le nom de famille de la femme; le comptable devra joindre à l'appui de mandats de l'espèce un extrait légalisé de l'acte de l'état civil ayant consacré le divorce.

Quittance de femme mariée.

83. La femme mariée donnant quittance pour prix d'objets mobiliers doit être autorisée et assistée de son mari; à défaut, elle doit produire une autorisation notariée de lui. Cette autorisation reste annexée au mandat.

Mandats au nom d'une succession.

84. Les mandats délivrés aux héritiers d'un créancier ne doivent pas désigner chacun d'eux, mais porter seulement la désignation générale : *les héritiers;* c'est au comptable chargé du payement à exiger les pièces d'hérédité et exiger la production des pièces établissant les qualités des ayants droit (*voir* ci-dessous 86).

Créance léguée à une commune ou à un établissement.

85. Lorsque le titulaire d'une créance est décédé, et que la somme qui lui revient a été léguée à une commune ou à un établissement public, il doit être justifié de l'autorisation d'accepter le legs.

Mandats au bénéfice d'héritiers. — Pièces à fournir.

86. Il ne peut être fait de payement sur une créance léguée à des héritiers que sur la production de pièces d'hérédité, qui sont : 1° l'acte de décès dûment légalisé du titulaire; 2° certificat de propriété délivré par un notaire, sur l'attestation de deux témoins, lorsqu'il n'y a pas de legs universel par testament, ledit certificat légalisé par le juge de paix ou le président du Tribunal, suivant le cas. Ce certificat peut être délivré par le juge de paix du domicile du décédé, sur l'attestation de deux témoins, lorsqu'il n'existe ni inventaire ni partage par acte public, ni aucun acte de transmission gratuite entre vifs ou par testament. (Floréal an VII, 7 septembre 1807.) Ce certificat peut aussi être délivré par le juge de paix du lieu de naissance du décédé.

Conditions de validité d'un certificat de propriété.

87. Les certificats de propriété doivent toujours énoncer : 1° les noms, prénoms, professions et domiciles des héritiers; 2° les qualités civiles des femmes (filles mineures ou majeures, mariées ou veuves); 3° la proportion de chacun des héritiers et le degré de parenté; 4° si les héritiers sont majeurs ou mineurs; 5° pour les mineurs, les émancipés et les interdits, les noms, prénoms, qualités et domiciles des tuteurs, subrogés-tuteurs, administrateurs ou curateurs; lorsque le tuteur n'est ni le père ni la mère, la délibération du conseil de famille qui l'a nommé et l'acceptation de cette mission doivent être relatées; 6° les noms, prénoms et qualités du décédé, la date et le lieu du décès; 7° pour les femmes mariées, les noms, prénoms et domiciles des maris, lesquels assistent et autorisent leurs femmes; 8° quand le certificat de propriété est délivré au profit d'un exécuteur testamentaire, il y est fait mention que la saisine de la succession lui a été donnée, car, à défaut, l'exécuteur n'aurait pas qualité pour toucher les créances de la succession; ses pouvoirs expirent après un an et un jour, à dater du décès du testateur; mais les héritiers peuvent faire cesser la saisine avant l'expiration de ce délai, et dès qu'elle est expirée ou qu'elle a cessé d'exister, aucun payement ne peut plus être fait à l'exécuteur testamentaire (Code civil, art. 1026-1027); 9° si les droits des héritiers résultent d'une donation ou d'un testament authentique, le certificat spécifie qu'il n'y a pas d'héritiers au profit desquels la loi établit une réserve et vise le testament ou la donation, et, s'il s'agit d'un payement à faire à un légataire universel suivant testament olographe ou mystique, le testament est visé dans le certificat de propriété, ainsi que l'ordonnance délivrée par le président du tribunal pour l'envoi en possession du legs universel.

Certificats de propriété délivrés par le maire ou le greffier du tribunal.

88. Dans le cas où les parties sont indigentes, ou lorsqu'il s'agit d'une créance de 50 francs et au-dessous, les greffiers dépositaires de la minute d'un jugement et les maires du domicile des parties sont autorisés à délivrer les certificats de propriété. La signature du maire doit être légalisée par le préfet ou le sous-préfet. (Décret du 18 septembre 1806; loi du 28 floréal an VII, 7 septembre 1807; circ., 14 août 1848 et 15 mai 1858; Caisse des dépôts, 1er décembre 1851; Instructions sur les pensions de retraites, art. 50.)

89. Quelle que soit la somme à payer, les certificats délivrés par les maires ou les greffiers doivent être établis sur timbre, par le motif que ces pièces peuvent faire titres ou être produites pour justification. (Circ. C. P., 31 mars 1868; Enregistr., 15 janvier 1868; règlement du 26 décembre 1866; décision ministérielle du 24 juin 1867, art. 10.)

Titres d'hérédité, hors le cas de certificat de propriété.

90. A défaut de certificat de propriété, les titres d'hérédité sont établis d'après les règles du droit commun.

Dans ce cas, il y a lieu de produire un extrait de l'intitulé de l'inventaire fait après le décès du créancier, ou un acte de notoriété notarié et enregistré, constatant qu'il n'a pas été fait d'inventaire; ces actes doivent désigner, selon le cas, celui des époux qui est survivant et le régime sous lequel ils ont été mariés, les héritiers seuls habiles à succéder, présents ou absents, majeurs, mineurs ou interdits.

L'intitulé de l'inventaire doit mentionner si la tutelle revient à l'aïeul paternel, et pour les mineurs sans parents, l'avis du conseil de famille.

Si les héritiers sont des mineurs émancipés, produire l'acte d'émancipation; s'il s'agit d'interdits, la sentence d'interdiction, et pour les absents, l'acte de nomination, le jugement d'enquête et le jugement de déclaration d'absence et d'envoi en possession. (Code civil, art. 113.)

Payement à un usufruitier.

91. L'usufruitier par testament ne peut recevoir une somme due au testateur sans avoir préalablement fait dresser un inventaire et donné la preuve de l'acceptation de la caution ou de l'emploi qui fait l'objet de l'usufruit, à moins que le nu-propriétaire n'ait consenti au payement, ou que, par une clause expresse insérée dans son testament, le testateur n'ait dispensé de fournir une caution. (Code civil, art. 578 à 624.)

Succession bénéficiaire.

92. Lorsque la succession a été acceptée sous bénéfice d'inventaire, la sentence qui a conféré la qualité d'héritiers bénéficiaires doit être produite avec l'intitulé de l'inventaire.

93. La justification de l'acceptation bénéficiaire qui doit être produite à l'appui de payements faits à des héritiers mineurs est sans utilité si les payements sont faits collectivement au mineur et à des majeurs de la même branche, attendu que dans le cas de renonciation du mineur, ses cohéritiers bénéficient de sa part. Si un mineur arrive seul à une succession acceptée purement et simplement par le tuteur, même autorisé du conseil de famille, cette acceptation est nulle de plein droit, et, si plus tard on renonce au nom du mineur, l'héritier du degré suivant prend rang utile, et c'est à lui que les deniers doivent être comptés. (Code civil, art. 461 et 786.)

Certificats de propriété exempts de timbre.

94. Ainsi qu'il a été dit plus haut (art. 89), les certificats de propriété doivent être timbrés et enregistrés. Néanmoins, ceux qui ont pour objet de justifier du droit à des sommes dues par l'État à titre de pension, de rémunération ou de secours sont affranchis de l'enregistrement, mais ils restent soumis au timbre.

Cette exception n'a pas été prononcée au bénéfice des communes et établissements. (Instr. gén., art. 702.)

95. Les certificats et autres actes délivrés en brevet doivent être revêtus du sceau de l'officier ministériel ou du fonctionnaire qui les a délivrés.

Oppositions. — Conditions dans l'établissement des retenues.

96. Les appointements et traitements des fonctionnaires ou agents rétribués sur les fonds des communes et établissements sont saisissables dans la proportion suivante, jusqu'à l'entier acquittement des dettes (21 ventôse an IX) :

Un cinquième sur les premiers 1,000 francs;

Un quart sur les 5,000 francs suivants;

Un tiers sur la portion excédant 6,000 francs.

Exception.

97. Les traitements des ministres des cultes, à quelque confession qu'ils appartiennent, sont incessibles et insaisissables.

98. Sont incessibles et insaisissables les secours alloués aux agents, les allocations faites à ce titre étant considérées comme provisions alimentaires.

Application de l'opposition.

99. L'opposition frappe sur le traitement brut en entier; en conséquence la retenue doit être calculée suivant les proportions déterminées, sans déduction des autres retenues. Elle cesse dès que la péremption est acquise.

La portion restée libre après le prélèvement des retenues ne peut être ni cédée ni saisie, sauf en ce qui concerne les pensions alimentaires, auquel cas un jugement ou l'autorisation du juge détermine la quotité saisissable. (C. P., art. 582.)

Conditions de validité des oppositions, etc., etc.

100. Toutes saisies-arrêts, oppositions, transports ou cessions doivent être signifiés, sous peine de nullité, au receveur détenteur des deniers sur lesquels doivent être prélevées les créances frappées.

101. Les receveurs doivent demeurer étrangers aux oppositions et autres actes de l'espèce formés contre les ouvriers ou fournisseurs entre les mains des régisseurs.

102. Dans la huitaine de la saisie-arrêt ou opposition, outre un jour pour 5 myriamètres de distance entre le domicile du tiers saisi et celui du saisissant, cet acte doit être dénoncé au receveur avec assignation en validité; faute de demande en validité, la saisie ou opposition est nulle. Nonobstant les dispositions qui précèdent, les règlements de comptabilité publique interdisent aux comptables de deniers publics de passer outre aux payements dans les cas de nullité, de saisie-arrêt ou opposition prévus par les articles 563 à 565 du Code de procédure civile, pour les motifs qu'ils n'ont pas à se constituer juges de la validité des saisies ou oppositions formées entre leurs mains. En conséquence, les payements de l'espèce ne seront valablement faits que dans le cas seulement où il sera produit la main-levée réglementaire. (*Voir* art. 111 ci-après.) (Code de procédure, art. 563 et 565.)

103. L'opposition ou la signification doit rester déposée pendant vingt-quatre heures au bureau ou à la caisse où elle est faite et n'est valable que si elle est visée, sur l'original, par le conservateur ou par le comptable, ou, en cas de refus, par le procureur de la résidence. (Instr. gén., art. 518; décret du 18 août 1807.) Ce visa est ainsi formulé : Vu et reçu copie (avec la date en toutes lettres), signature.

Mesures de comptabilité en matière d'opposition.

104. Les oppositions et les significations de transport qui sont faites aux receveurs des communes et des établissements sont inscrites, par extrait et par date de signification, sur un registre spécial. (Instr. gén., art. 1007.)

Elles doivent contenir les noms, qualités et demeures du saisissant et du saisi, la somme pour laquelle la saisie est faite et la désignation de la créance saisie. Elles doivent, en outre, contenir copie ou extrait du titre du saisissant ou de l'ordonnance du juge qui a autorisé la saisie, faute de quoi elles ne doivent ni être reçues ni visées, et demeurent sans effet. Dans ce cas, le conservateur ou le comptable mentionne et motive son refus en marge de l'original.

Dispositions particulières.

105. L'administration ne pouvant, en aucun cas, être appelée en déclaration affirmative, les comptables délivrent, lorsqu'ils en sont requis par le saisissant ou autre créancier opposant, un certificat énonçant les sommes ordonnancées sur leur caisse et restées dues à la partie saisie. (Instr. gén., art. 519.)

Opposition sur les deniers communaux. — Exception.

106. Il ne peut être formé ou reçu d'oppositions sur les deniers communaux; les personnes qui prétendent être créancières des communes doivent se pourvoir devant l'autorité administrative pour qu'il soit statué, s'il y a lieu, sur le mode de payement. (Instr. gén., art. 1007.)

Délivrance d'extraits ou états d'oppositions aux intéressés et à l'administration.

107. Les receveurs délivrent, lorsqu'ils en sont requis par la partie saisie, par l'un des créanciers opposants, leurs représentants ou ayants cause, extrait ou état des oppositions grevant les sommes consignées, à la charge, par la partie, de fournir le papier timbré.

Les extraits ou états délivrés sur la demande et dans l'intérêt de l'administration sont exempts du timbre. (Instr. gén., art. 517.)

Transport sans réserve.

108. Le transport sans réserve d'une créance comprend les accessoires et les intérêts. (Code civil, art. 1692.)

Payement de la quote-part non saisie. — Déchéance de l'opposition.

109. Les comptables doivent payer toute la quote-part non saisie au créancier qui produit un mandat régulièrement ordonnancé. Si l'opposition est frappée de péremption et n'a pas été renouvelée, le payement peut être fait sur l'intégralité du traitement. (Code civil, art. 519.)

Distribution de deniers frappés d'opposition. — Conditions des payements.

110. Les receveurs ne sont point juges de la validité des oppositions formées entre leurs mains et n'ont pas à intervenir dans la répartition des sommes dues; ils doivent se borner à les consigner et à renvoyer les parties devant les juges pour la question de fond. Il ne peut être fait de payement que dans le cas où les opposants donneraient main-levée de leurs oppositions préalablement au payement.

Main-levée.

111. La main-levée peut être donnée par acte notarié, enregistré et légalisé, s'il y a lieu ; elle ne doit formuler ni restrictions ni réserves. Si l'acte est en brevet, l'original doit être produit.

La main-levée peut aussi être consentie par acte sous seing privé; elle doit alors être établie sur papier timbré, enregistrée et signée de l'opposant; l'original doit être joint afin que le tiers ne puisse attaquer la validité de la main-levée.

Nullité de la main-levée.

112. Il est interdit à l'opposant de donner main-levée sur l'original de l'opposition, en vertu de la loi qui défend de mettre deux actes sur la même feuille de papier timbré. (*Voir*, pour l'application des retenues, les articles 3 et 18 de la loi du 9 juin 1853 et 25 du décret du 9 novembre 1853.)

Présentation des comptes. — Définition de la gestion. — Définition de l'exercice.

113. Il est compté, en matière de comptes de gestion, par exercice et par gestion. L'exercice prend le nom de l'année à laquelle il se rapporte, et comprend en outre les trois mois de l'année suivante. En d'autres termes, l'exercice pour le service des communes, établissements, etc., etc., commence au 1er janvier de l'année et ne prend fin qu'au 31 mars de la deuxième année : il comprend donc cinq trimestres. (Instr. gén., art. 1531.) Le cinquième trimestre ne comporte que des opérations complémentaires, c'est-à-dire qui n'ont pu être effectuées au cours des douze premiers mois; mais ces opérations sont indépendantes de celles afférentes à l'exercice qui a pris son nom de la seconde année et qui sont rattachées au premier trimestre de cette année (*voir* § 5).

La gestion comprend la période de temps pendant laquelle un même comptable a exercé les fonctions de receveur.

Les formes de gestion varient suivant l'époque de l'installation et de la cessation des fonctions, ainsi qu'il sera indiqué ultérieurement.

La gestion normale est celle qui commence au 1er janvier de l'année pour finir au 30 mars de l'année d'après, soit quinze mois.

La gestion normale comprend toutes les opérations effectuées dans la période indiquée ci-dessus; celles renfermées dans les douze premiers mois de l'année forment la première partie; celles du 1er janvier au 31 mars de la deuxième année, afférentes à l'exercice précédent, forment la deuxième partie.

Cessation de fonctions du 1er janvier au 31 mars.

114. Le receveur remplacé du 1er janvier au 31 mars doit rendre compte, sur deux formules spéciales et distinctes, des opérations des deux exercices en cours d'exécution. (Compt. publ., 30 janvier 1866.)

Modèle A.

Pour les opérations de l'exercice qui est clos au 31 mars et qui prend le nom de l'année précédente, il emploie une formule conforme au modèle A.

Modèle B.

Les opérations concernant l'exercice courant font, avec les services hors budget de l'année, l'objet d'un second compte à établir d'après le modèle B.

Remise de service au 31 mars ou 1er avril.

115. Lorsque la remise de service est fixée au 31 mars au soir ou au 1er avril au matin, le comptable doit, si sa gestion a commencé avant le 1er janvier, faire usage du modèle A, en ayant soin d'y introduire les modifications manuscrites suivantes : à l'inscription *Gestion* 188 , 1re *partie*, substituer *du* 1er *janvier au* 31 *mars* 188 et remplacer la date du 31 décembre de l'année courante par celle du 31 mars, jour de la cessation des fonctions.

Le compte des opérations du nouvel exercice est ensuite établi conformément au modèle B.

Remise de service postérieure au 1er janvier.

Mais si la gestion n'avait commencé qu'après le 1er janvier, il serait procédé comme il est indiqué ci-après pour les gestions intérimaires.

Cessation de fonctions après le 31 mars.

116. Lorsque la remise de service a lieu postérieurement au 31 mars, le receveur remplacé n'a plus à rendre de compte pour l'exercice clos, attendu que ces opérations ont fait l'objet d'un compte établi à la date du 31 mars. Il doit se borner à établir un compte pour toutes les opérations qu'il a faites et qui ont été faites depuis le 1er janvier sur les services des budgets et hors budgets, et se servir du modèle B.

Installation avant le 31 mars.

Modèle C.

117. Le receveur installé du 1er janvier au 31 mars doit se mettre en mesure de présenter les résultats complets de la gestion qui expire au 31 mars, à l'examen et à la délibération des Conseils municipaux et des conseils d'administration, au moment de la session ordinaire de mai; à cet effet, il doit établir ses comptes sur un modèle C.

Cette formule comprend, d'une part, le rappel des opérations portées dans le compte de son prédécesseur et, de l'autre, celles qu'il a lui-même effectuées sur ledit exercice.

Modèle D.

Pour les opérations de l'exercice suivant il doit se servir de la formule D.

Installation après le 31 mars.

118. Dans le cas où l'installation du comptable est postérieure au 31 mars, il y a lieu de justifier seulement de la gestion de l'exercice qui prend son nom de l'année de l'installation. Le receveur doit alors se servir du modèle D, lequel présente en deux colonnes distinctes les opérations effectuées par son prédécesseur et celles effectuées par lui. Cette distinction existe également pour les opérations budgétaires et pour les opérations hors budgets.

Cessation de fonctions avant la fin de l'exercice.

Cependant, si le comptable nouvellement installé venait à cesser ses fonctions avant la fin de l'exercice, il aurait à se conformer aux indications données ci-après, relatives aux gestions intérimaires.

Gestions intérimaires.

119. Si la gestion intérimaire a commencé dans les trois premiers mois de l'année, le gérant devra établir : 1° au 31 mars, ou à la fin de sa gestion, le compte de l'exercice clos ou sur le point de finir (modèle C); 2° à la fin de sa gestion, à quelque époque qu'elle arrive, le compte de l'exercice suivant.

Gestion intérimaire commencée au 1er janvier et finie avant le 31 décembre. — Gestion intérimaire commencée avant le 31 mars et terminée postérieurement au 31 décembre.

Si les fonctions ont commencé au 1er janvier et ont fini avant le 31 décembre, ce dernier compte est établi sur le modèle B; mais si la gestion intérimaire ayant commencé postérieurement au 1er janvier et antérieurement au 31 mars, se prolongeait jusqu'au 31 décembre ou même au delà, il serait fait usage du modèle D. En cas de cessation des fonctions avant le 31 décembre, la partie du modèle D relative aux opérations postérieures à cette date ne peut naturellement pas être remplie : il convient alors de laisser en blanc la colonne 8 du cadre de la recette et la colonne 7 du cadre de la dépense, et de libeller les colonnes 9 de la recette et 8 de la dépense de la manière suivante : *totaux des recouvrements* ou *totaux des payements*. Les colonnes 10 de la recette et 9 de la dépense devront aussi être modifiées par la substitution des mots *jour de la cessation des fonctions* à la date du 31 *mars*.

Gestion intérimaire afférente à un seul exercice.

Si l'intérim n'a commencé qu'après le 31 mars, le compte du gérant ne comprenant que les opérations d'un seul exercice doit être établi conformément au modèle D, sauf, suivant le cas, les changements qui viennent d'être indiqués si la gestion intérimaire prenait fin avant le 1er janvier.

Assimilation des gestions de titulaires aux gestions intérimaires.

120. Les dispositions qui précèdent sont naturellement applicables au receveur titulaire dont la gestion a commencé dans le courant d'un exercice et s'est terminée avant la clôture de cet exercice.

Justification générale pour une gestion scindée. — Recettes.

121. Tout receveur remplacé ou intérimaire qui présente des comptes pour un exercice non encore expiré doit produire un état général des recettes (modèle 318) qu'il a effectuées ; il n'y a pas lieu, pour lui, de produire de justifications pour des recettes dont les titres, non encore apurés, doivent rester entre les mains du comptable chargé de présenter le compte général en fin d'exercice ; mais il est tenu aux mêmes obligations que ce dernier, en ce qui concerne les recettes afférentes à des titres apurés. Ces justifications sont jointes à l'état général ci-dessus.

Dépenses.

En ce qui concerne la dépense, les obligations générales incombent au receveur remplacé ou intérimaire, avec cette restriction, qu'il doit produire des extraits des pièces justificatives des dépenses, lorsque les dépenses ne peuvent être justifiées par la production même des pièces, qui doivent être conservées par le comptable chargé de l'apurement.

Gestions finales. — Exception.

122. L'état modèle 318 et les extraits dont il vient d'être parlé ne doivent pas être produits à l'appui du compte général ou définitif.

Gestions personnelles. — Gestions rattachées. — Responsabilité du comptable installé, chargé de présenter des comptes.

123. Aux termes de l'article 24 du décret du 31 mai 1862, les comptables étant personnellement responsables de leurs gestions doivent rendre un compte spécial de leurs opérations. Cependant, dans le cas d'une gestion de très courte durée (art. 1330), le ministre des finances (Direction générale de la Comptabilité publique) peut, sur la demande du receveur remplacé, sur l'acceptation de son successeur et sur l'avis du receveur des finances, autoriser le rattachement de la gestion du receveur remplacé à celle de son successeur ; dans ce cas, toute la responsabilité des opérations faites par le prédécesseur au cours de sa gestion rattachée, incombe à son successeur, qui ne peut élever aucune revendication dans le cas où des opérations auraient été ultérieurement reconnues irrégulières par l'autorité chargée de statuer sur le compte.

Disposition de comptabilité.

L'autorisation donnée par le ministre doit être annexée au compte à l'appui du procès-verbal de remise de service, et comprise avec cette pièce dans l'inventaire des pièces générales.

Obligation de tenir les pièces de comptabilité à la disposition des Conseils municipaux et des conseils d'administration.

124. Les comptables doivent tenir à la disposition des Conseils municipaux et autres, au cours de la session d'examen des comptes, les pièces justificatives de ces comptes, et leur en donner eux-mêmes communication. Dans le cas où ils devraient laisser provisoirement tout ou partie de ces pièces entre les mains des maires, ceux-ci devraient leur en délivrer un bordereau détaillé dûment certifié. (Instr. gén., art. 1554.)

Délais de présentation des comptes de gestion des titulaires. — Amendes.

125. Le délai de présentation des comptes primitivement fixé au 1er juillet de la deuxième année, c'est-à-dire de l'année qui suit celle pour laquelle le compte est rendu, a été irrévocablement arrêté au 1er septembre; toute contravention à ces dispositions fait encourir une amende de 10 à 100 francs par chaque mois de retard aux comptables justiciables du Conseil de préfecture, et de 50 à 500 francs à ceux qui sont justiciables de la Cour des comptes. (Instr. gén., art. 1554, 1556; *voir* 132, § 4.)

Vérification des comptes par les receveurs des finances. Délais de présentation.

126. Aux termes des articles 1302 et 1554 de l'Instruction générale, les comptes de gestion doivent être vérifiés par les receveurs des finances avant d'être soumis aux Conseils municipaux et aux commissions administratives; mais comme (décret du 27 janvier 1866) ces comptes ne peuvent être arrêtés qu'à la date du 31 mars, c'est-à-dire un mois avant l'ouverture des sessions ordinaires des Conseils et commissions, la vérification des receveurs des finances ne peut plus précéder celle de ces assemblées. En conséquence, le décret susdit a disposé (art. 3) que les comptes de gestion seraient à l'avenir simplement contrôlés dans leurs résultats avant la session de mai, et que la vérification approfondie n'aurait lieu que postérieurement à cette session, mais assez tôt pour que l'envoi puisse en être fait aux Conseils de préfecture ou à la Cour des comptes avant le 1er septembre.

127. Dans le but d'éviter tout retard dans l'envoi de ces documents, il est prescrit aux comptables de les établir dès le commencement du cinquième trimestre, c'est-à-dire au mois de janvier de la deuxième année, afin qu'à la clôture de l'exercice ils n'aient plus qu'à compléter ce travail, qui devra être aussi avancé que possible.

Envoi des minutes et expéditions des comptes à la recette des finances.

128. Les minutes des comptes de gestion doivent être adressées aux receveurs des finances au plus tard le 15 avril, ainsi que les expéditions destinées aux Conseils et aux maires; ceux-ci devront les viser sans retard et les renvoyer aux comptables, qui les feront parvenir à leur destination (art. 826 et 827) avant le 1er mai.

Envoi des comptes avec pièces justificatives à l'appui, à la recette des finances.

129. Les comptables devront faire toutes les diligences nécessaires pour que leurs comptes de gestion soient adressés à la recette des finances dans les dix jours qui suivent la clôture de la session. Ils devront y joindre les délibérations des Conseils, approuvées, et les comptes administratifs des maires et présidents de commissions. Dans le cas où ces documents ne leur seraient pas parvenus à ce moment, ils n'en devraient pas moins adresser leurs comptes à la recette des finances, en ayant soin de consigner sur des notes spéciales que ces pièces seront adressées dès que l'administration les leur aura fait parvenir.

Résultat de la vérification.

130. Les receveurs des finances doivent vérifier très attentivement les pièces justificatives qui leur sont déférées; leurs observations sont consignées sur la minute, dans le tableau imprimé à la suite du compte; les comptables doivent répondre aux observations dans la colonne qui leur est réservée et renvoyer la minute ainsi complétée à leurs chefs de service, qui font de nouvelles observations s'il y a lieu.

Disposition de comptabilité particulière aux receveurs des finances.

131. Toutes les observations auxquelles a donné lieu la vérification sont transcrites, par le receveur des finances, sur un carnet spécial. Les réponses des comptables vérifiés et les nouvelles observations des receveurs des finances doivent également y être consignées.

Renvoi de pièces irrégulières.

Dans le cas où la vérification aurait fait ressortir des irrégularités dans les pièces produites, les pièces irrégulières, seulement, devraient être renvoyées au comptable pour régularisation. Les pièces régulières sont conservées par le receveur des finances jusqu'à réintégration de celles renvoyées au comptable pour régularisation.

Délais de présentation des comptes de gestion. — Receveurs remplacés ou intérimaires.

132. Les comptes des receveurs remplacés ou intérimaires doivent être présentés à la juridiction compétente dans les trois mois de la cessation des fonctions de ces comptables et doivent être jugés avant l'époque fixée pour la présentation des comptes suivants.

Dépôt des comptes au greffe du Conseil de préfecture et au greffe de la Cour des comptes.

En conséquence de ce qui précède, tous les comptes d'une même perception, dont le jugement appartient au Conseil de préfecture, font l'objet d'un seul envoi de la part du receveur des finances, aussitôt après l'achèvement de la vérification et le 31 août au plus tard pour les comptes rendus en fin d'exercice, et dans les trois mois de la cessation des fonctions pour les gestions scindées.

Quant aux comptes dont le jugement appartient à la Cour des comptes, le receveur des finances les rend au comptable, qui doit adresser lui-même l'expédition, avec toutes les pièces justificatives, au greffier en chef de la Cour des comptes. Il lui est donné décharge de cette présentation, qui doit avoir lieu, suivant le cas, soit avant le 31 août de l'année pendant laquelle le compte est rendu, soit avant l'expiration des trois mois de la cessation de la gestion. Le receveur doit donner avis au procureur général près la Cour des comptes de l'envoi qu'il fait de son compte au greffier en chef de cette Cour. (Instr. gén., art. 1554.)

Envoi par le préfet à la Cour des comptes des observations auxquelles a donné lieu l'examen des comptes.

Le préfet, de son côté, se fait remettre par le maire, dans le plus court délai possible, le compte administratif et une expédition du compte du receveur pour la gestion scindée ou l'exercice clos; après l'examen de ces pièces, en ce qui concerne les communes et établissements publics justiciables de la Cour des comptes, il adresse à la Cour les observations auxquelles auraient donné lieu la vérification des comptes du receveur, ou une déclaration faisant connaître qu'il n'est résulté aucune observation de son examen. (Instr. gén., art. 1555; C. P., 30 janvier 1866.)

Retard dans la présentation des comptes. — Amendes et peines encourues.

En cas de retard dans la présentation de leurs comptes, les receveurs des communes et des établissements de bienfaisance peuvent, sans préjudice des poursuites autorisées par les lois et règlements, être condamnés par l'autorité chargée de les juger à une amende de 10 francs à 100 francs par chaque mois de retard, pour les receveurs justiciables des Conseils de préfecture, et de 50 francs à 500 francs, également pour chaque mois de retard, pour ceux qui sont justiciables de la Cour des comptes. Ces amendes sont attribuées aux communes ou établissements que concernent les comptes en retard ; elles sont assimilées aux débets de comptables et le recouvrement peut en être poursuivi au même titre. (Instr. gén., art. 1556; *voir* ci-dessus 125.)

Notification. — Époque et forme de la notification.

133. L'article 5 du décret du 27 janvier 1866 a établi que les arrêts de la Cour des comptes et les arrêtés du Conseil de préfecture doivent être notifiés par l'entremise des receveurs des finances. En ce qui concerne les comptables justiciables du Conseil de préfecture, la notification est faite simultanément et sous forme de tableau synoptique pour tous les comptes d'une même perception; les arrêts de la Cour sont expédiés sous forme de grosse de jugement. (Instr. gén., art. 1560.)

Les arrêts de la Cour sont notifiés un mois, au plus tard, après qu'il ont été rendus.

Les arrêtés du Conseil de préfecture doivent être notifiés aux receveurs des finances et aux maires dans la quinzaine de la date de ces arrêtés.

De leur côté, les receveurs des finances doivent faire parvenir ces arrêts ou arrêtés aux receveurs municipaux dans le délai de huit jours à dater de leur réception.

Accusés de réception de la notification des arrêts ou arrêtés.

134. A réception des arrêts ou arrêtés les concernant, les receveurs municipaux doivent en accuser réception. A cet effet, ils adressent leurs récépissés à la recette des finances, qui est chargée de les faire parvenir à destination. (Instr. gén., art. 1560.)

Signification en cas d'absence ou de refus.

135. Si le comptable est absent et son domicile inconnu, s'il n'a pas de fondé de pouvoirs qui le représente, ou s'il est décédé et qu'il n'ait pas laissé d'héritiers connus, si enfin il refuse de délivrer récépissé de l'arrêt ou de l'arrêté qui le concerne, la signification doit lui être faite à ses frais, par le ministère d'un huissier, dans la forme tracée par l'article 68 du Code de procédure civile. L'original de l'exploit est déposé à la recette des finances. (Décret du 31 mai 1862, art. 533.)

Arrêts ou arrêtés concernant un comptable en fuite.

136. Si le comptable visé par les arrêts ou arrêtés est en fuite et a subi une condamnation par contumace, les notifications sont faites, pendant la durée du séquestre, au directeur des Domaines du domicile du condamné.

Exemption de timbre.

Les expéditions d'arrêts ou d'arrêtés signifiés administrativement sont exemptes du droit de timbre.

Signification dans le cas de changement de résidence du comptable.

137. Dans le cas où le comptable à qui les arrêts ou arrêtés doivent être signifiés a changé de résidence, ces arrêts ou arrêtés sont transmis par la voie hiérarchique au receveur des finances de sa nouvelle résidence.

Notification à des héritiers connus.

138. La notification par voie administrative peut aussi être employée à l'égard des héritiers d'un comptable, hors de sa dernière résidence, lorsqu'ils sont connus. (Instr. gén., art. 1559.)

Exécution des arrêts ou arrêtés.

139. Les comptables contre lesquels les juridictions compétentes ont prononcé des injonctions doivent y satisfaire dans les deux mois qui suivent le jour de la notification. (Instr. gén., art. 1560.)

Délais. — Dispositions de comptabilité.

140. A l'expiration de ce délai, les pièces et justifications destinées à satisfaire aux injonctions prononcées doivent être adressées à l'autorité de laquelle elles émanent. A cet effet, les comptables intéressés doivent joindre les documents dont il s'agit à un état présentant dans des colonnes distinctes : 1° la copie textuelle des injonctions; 2° les explications du comptable et le détail des pièces produites. (Instr. gén., art. 1560.)

Mode d'envoi.

L'état ci-dessus indiqué, établi en double expédition, est adressé avec les pièces justificatives au receveur des finances, qui retient une expédition et fait parvenir l'autre, avec les pièces à l'appui, à l'autorité compétente, après l'avoir préalablement visée.

Arrêt ou arrêté provisoire, définitif.

141. Le premier arrêt ou arrêté rendu sur un compte est toujours provisoire; après un délai de deux mois, l'autorité de laquelle il émane peut, s'il n'a pas été exécuté ou contredit, rendre un arrêt ou arrêté définitif et prononcer les forcements en recettes qui ont fait l'objet des injonctions contenues dans le premier arrêt ou arrêté. (Instr. gén., art. 1560.)

Forcements en recettes. — Dispositions de comptabilité.

Les forcements prononcés constituent des débets de comptables dont le montant doit, immédiatement après la notification de l'arrêté définitif, être versé dans la caisse de la commune ou de l'établissement au profit duquel le forcement a été prononcé. (Instr. gén., art. 850, 1560, 1561, 1562; 29 vendémiaire an V.)

Pourvois et revisions.

142. Les arrêts et arrêtés peuvent être attaqués : 1° par la voie de pourvoi devant la juridiction supérieure; 2° par la voie de revision devant les premiers juges et de recours devant la juridiction supérieure, dans le cas où les demandes en revision par les premiers juges sont rejetées, ou dans le cas où il y a contestation sur l'arrêt de revision comme sur les résultats de l'arrêté primitif. (Instr. gén., art. 1566.)

Délais de pourvois.

143. Les pourvois contre les arrêtés de comptes doivent, sous peine de déchéance, être formés dans les trois mois de la notification. (Instr. gén., art. 1566, 1567, 1568, 1569.)

A cet effet, l'appelant rédige sur papier timbré, en double original, une requête motivée. L'un des doubles est remis, à peine de nullité, dans le délai ci-dessus indiqué, à la partie adverse, qui doit en donner récépissé daté ; si elle refuse, ou si elle est absente, la signification lui est faite, à ses frais, par le ministère d'un huissier.

Le récépissé donné par la partie intéressé qui a reçu notification par la voie administrative, doit être formulé dans la forme suivante :

Je, soussigné, , reconnais avoir reçu copie de la requête présentée par , à l'effet de se pourvoir contre l'arrêt du compte rendu par , sous la date du .

Dans le cas ci-dessus, s'il s'agit du pourvoi formé par le receveur d'une commune ou d'un établissement charitable, le maire ou l'adjoint a qualité pour recevoir la copie de la requête et en donner récépissé ; mais, si la notification avait lieu par ministère d'huissier, il serait nécessaire de se conformer aux dispositions de l'article 69 du Code de procédure civile ; c'est-à-dire que l'adjoint n'ayant pas qualité pour recevoir la signification en l'absence du maire, ce serait au procureur de la République ou au juge de paix à la recevoir et à viser l'original.

Le second double de la requête doit être adressé à la Cour des comptes par l'appelant, qui y joindra les pièces ci-après désignées : 1° l'expédition de l'arrêté de compte qui lui a été précédemment notifié et portant mention de cette notification, afin d'établir que l'appelant est bien dans les délais voulus ; 2° le récépissé de la partie adverse, à qui la requête a été signifiée, ou l'original de la signification qui lui a été faite par l'huissier, afin qu'il soit constaté que cette partie a connaissance du pourvoi et qu'elle a été suffisamment avertie de produire, s'il y a lieu, des observations sur la recevabilité de la requête.

Les pièces doivent parvenir à la Cour, au plus tard, dans le mois qui suit l'expiration du délai de pourvoi.

Toutefois, la transmission de ces pièces dans le délai ci-dessus prescrit ne suffit pas pour faire admettre un pourvoi qui n'aurait pas été signifié à la partie adverse dans les trois mois accordés à partir de la notification des arrêtés de comptes. Cette signification à la partie adverse peut seule interrompre la prescription de trois mois à laquelle est soumise la faculté de se pourvoir.

La Cour, après examen sommaire de la requête, juge s'il ne s'élève aucune fin de non-recevoir contre le pourvoi, en ce qui concerne l'accomplissement des formalités et des délais prescrits par l'ordonnance du 28 décembre 1830; elle examine si elle est compétente à raison de la matière et de la personne et si le Conseil de préfecture a épuisé sa juridiction; enfin elle déclare s'il y a lieu ou non de prononcer la recevabilité du pourvoi.

Les préfets, auxquels sont transmises les expéditions dudit arrêté pour être notifiées à qui de droit, doivent de leur côté adresser à la Cour des comptes toutes les pièces qui peuvent servir à l'examen du pourvoi.

Faute de productions suffisantes de la part de la partie poursuivante, dans le délai réglé ci-dessus, la requête est rayée du rôle, à moins que, sur la demande des parties intéressées, la Cour ne consente à accorder un second délai dont elle détermine la durée.

La requête rayée du rôle ne peut plus être reproduite, sauf toutefois le cas où le délai de trois mois accordé pour le pourvoi ne serait pas encore expiré; mais il faudrait alors recommencer tous les actes nécessaires à la régularité du pourvoi, et la première procédure serait comme non avenue.

Il ne peut être formé de pourvoi devant le Conseil d'État contre les arrêts de la Cour des comptes que pour violation des formes ou de la loi. Ce pourvoi doit être introduit dans les trois mois de la notification de l'arrêt et conformément au règlement sur le contentieux du Conseil d'État.

Pourvois formés par les administrations.

144. Les comptables, les administrations locales (communes et commissions administratives) et les ministères des Finances et de l'Intérieur, peuvent se pourvoir contre les arrêts ou arrêtés définitifs devant une juridiction supérieure, dans le cas et selon les formes déterminées par les articles 1566, 1567, 1568 et 1569 de l'Instruction générale.

Revision d'office de la part de la Cour et des Conseils de préfecture.

145. La Cour des comptes, d'office ou sur la réquisition du procureur général, et le Conseil de préfecture, sur la réquisition du préfet, peuvent aussi procéder dans le même cas à la revision des arrêts ou arrêtés définitifs qu'ils ont rendus. (Instr. gén., art. 1566, 1570; décret du 31 mai 1862.)

Les lois et règlements n'ont point fixé de délai au delà duquel toute demande en revision dût cesser d'être admise; mais l'exercice de ce droit est réglé ainsi qu'il suit.

Les dispositions des arrêtés ou arrêts attaqués ne peuvent être suspendues ou modifiées dans leur effet que par un arrêté ou arrêt nouveau, qui remette en question l'état de la comptabilité du receveur, et il doit être pris immédiatement un arrêté ou arrêt préparatoire ayant pour objet :

1° D'admettre la revision, s'il y a lieu, et sauf la discussion du fond;

2° De fixer pour la production des pièces nécessaires au travail de revision un délai semblable à celui qui est accordé au comptable pour satisfaire aux premiers arrêtés ou arrêts rendus sur ses comptes;

3° D'ordonner les mesures de garantie à prendre sur les biens du receveur pour assurer les droits de la commune ou de l'établissement pendant le temps qui doit s'écouler entre le premier arrêté ou arrêt et l'arrêté ou arrêt de revision;

4° D'accorder la suspension des poursuites qui auraient été commencées contre le comptable, lorsque cette mesure est sans inconvénient, à raison des actes conservatoires mentionnés ci-dessus et de circonstances particulières jugées suffisantes par l'autorité.

Les demandes en revision sont soumises aux mêmes règles que les pourvois, en ce qui concerne la notification de la demande à la partie adverse et la reddition de deux arrêts ou arrêtés statuant, l'un sur l'admission de cette demande, l'autre sur le fond.

Lorsqu'il s'agit d'un arrêt de la Cour des comptes, la demande du comptable ou des administrateurs doit être adressée au premier président, avec un récépissé de la partie adverse constatant que la demande en revision lui a été signifiée.

S'il s'agit de la revision d'un arrêté du Conseil de préfecture, la demande est adressée au préfet, qui en accuse réception après l'avoir fait enregistrer au Secrétariat général de la Préfecture; cet administrateur demeure chargé de saisir le Conseil de préfecture de la réclamation.

Dans le cas où les demandes en revision par les premiers juges sont rejetées, ou s'il y a contestation sur l'arrêt de revision comme sur les résultats de l'arrêt primitif, les parties intéressées ont le droit de recours en appel, c'est-à-dire :

Que les receveurs justiciables du Conseil de préfecture peuvent se pourvoir devant la Cour des comptes;

Et que le pourvoi des receveurs justiciables de cette Cour contre ses arrêts doit être porté devant le Conseil d'État, lorsqu'ils se croient fondés à attaquer l'arrêt de la Cour pour violation des formes ou de la loi. (Instr. gén., art. 1569.)

Les pourvois, ainsi que les demandes en revision, ne sont pas suspensifs, aux termes de l'avis du Conseil d'État du 9 février 1868. Toutefois, l'autorité saisie du pourvoi ou de la demande en revision peut, si elle le juge convenable, accorder un sursis.

Comptes à rendre par les percepteurs chargés du service financier des associations syndicales.

D'après les dispositions de l'article 636, les percepteurs qui sont chargés du service des associations syndicales ont à rendre au Conseil de préfecture un compte annuel de leur gestion. La forme de ce compte est indiquée par un modèle spécial. (Instr. gén., art. 1575; Comp. génér. du 23 janvier 1844.)

Communication de pièces.

146. Les demandes de pièces en communication, soit à la Cour des comptes, soit aux Conseils de préfecture, ne doivent être faites qu'en cas de nécessité absolue et doivent être motivées. (C. P., 12 juillet 1876.)

Dispositions dans le cas où un receveur n'a pas présenté de comptes.

147. Le Conseil de préfecture ou la Cour des comptes ne peuvent sans excès de pouvoirs, forcer en recette du montant des sommes dont il a eu le maniement, un comptable qui n'a pas présenté de comptes de gestion. Il ne peut que faire contre lui l'application des articles 68 de la loi du 18 juillet 1837, 1556 de l'Instruction générale du 20 juin 1859 et 430 du décret du 31 mai 1862, et provoquer au besoin l'établissement d'un compte d'office, dans les formes déterminées par les articles 1336 et 1530 de l'Instruction générale.

Compétence.

148. Les comptes de gestion des receveurs des communes, établissements de bienfaisance et autres sont jugés, savoir :

1° Par la Cour des comptes pour les communes et établissements dont les revenus annuels excèdent 30 000 francs;

2° Par les Conseils de préfecture pour les communes et établissements d'un revenu annuel inférieur à 30 000 francs, sauf recours à la Cour des comptes. (Instr. gén., art. 1549.)

Changement de juridiction. — Dispositions particulières.

149. Les changements de juridiction sont déterminés par le chiffre supérieur à 30 000 francs qu'ont atteint les revenus ordinaires des communes et établissements pendant trois années consécutives, Un arrêté préfectoral doit déterminer la juridiction nouvelle. Une expédition de cet arrêté est immédiatement transmise aux ministres de l'Intérieur et des Finances, ainsi qu'au procureur général près la Cour des comptes.

150. Quand un comptable passe de la juridiction du Conseil de préfecture à celle de la Cour des comptes, il doit transmettre à la Cour l'arrêté définitif d'apurement pris par le Conseil de préfecture avec les trois derniers comptes jugés par ce Conseil. Il appartient ensuite à la Cour de prononcer la décharge du comptable, sur le dernier compte jugé par le Conseil de préfecture, après avoir constaté l'exactitude de la reprise, au compte suivant, du reliquat fixé par le Conseil.

Notification à la Cour des comptes de la nomination d'un comptable justiciable.

151. Les receveurs justiciables de la Cour des comptes doivent, aussitôt après leur installation et sans attendre la présentation de leur premier compte, adresser au procureur général près cette Cour des copies, certifiées par le maire et visées par le préfet ou le sous-préfet, de l'arrêté ou du décret de leur nomination, du certificat d'inscription de leur cautionnement, de l'acte de prestation de leur serment et du procès-verbal de leur installation. (Décret du 28 septembre 1807, art. 1337 et 1552.)

Compte justiciable de la Cour des comptes présenté pour la première fois.

152. Lorsque le compte d'une commune ou d'un établissement est rendu pour la première fois à la Cour des comptes, le receveur doit, en outre, produire un état certifié par le maire de la commune ou par l'administration de l'établissement, indiquant d'une manière claire et distincte le montant des recettes, tant ordinaires qu'extraordinaires, effectuées pour les trois exercices qui ont précédé l'année à laquelle se rapporte le compte.

Production de pièces. — Disposition générale.

153. La production des pièces mentionnées ci-dessus à l'article 5 n'est exigée qu'une fois du même comptable ; il doit donc, si plusieurs comptes sont jugés par la Cour, faire connaître au procureur général les communes et établissements pour lesquels cette justification est adressée.

Certificats de quitus.

154. Lorsqu'un receveur de communes et d'établissements a cessé ses fonctions, et que lui ou ses ayants cause demandent le remboursement de ses cautionnements, ou lorsque, nommé à un autre poste, perception ou recette des finances, il désire faire appliquer à sa nouvelle gestion les cautionnements fournis par lui pour son ancienne gestion, il doit justifier de sa libération, savoir :

Pièces à produire.

1° Par le certificat du préfet (modèle n° 258) délivré au vu des certificats de quitus des maires (n° 257) et constatant que les derniers comptes du titulaire, définitivement jugés par le Conseil de préfecture ou la Cour des comptes, sont apurés et soldés; les comptables dont les comptes sont justiciables de la Cour des comptes doivent produire en outre l'arrêt de quitus de cette Cour;

2° Par un certificat du receveur des finances de son arrondissement (modèle n° 259), constatant que sa libération, pour tous les services qui lui étaient confiés, résulte tant des justifications produites par lui que de la vérification de ces justifications qui a été faite à la recette particulière. (Instr. gén., art. 1274, 1275 et 1553.)

Visa des certificats de quitus.

Les certificats délivrés par le receveur des finances doivent être visés par le trésorier général.

Restriction de la part des receveurs des finances.

155. Les receveurs des finances ont le droit de ne délivrer leur quitus que lorsque les arrêtés ou arrêts rendus sur les comptes des receveurs municipaux ne sont plus susceptibles d'être attaqués par un pourvoi devant la Cour des comptes ou le Conseil d'État. (Instr. gén., art. 1566 et 1569.)

Remboursement de cautionnements à un comptable remplacé du 1er janvier au 31 décembre. — Pièces à produire.

156. Lorsqu'un comptable a été remplacé dans l'année qui donne son nom au compte qu'il présente, et qu'il désire obtenir par l'arrêt ou l'arrêté à intervenir sur cette portion de gestion, sa décharge, et, par suite, le remboursement de son cautionnement, il doit produire (Instr. gén., art. 1553) :

1° Une copie en forme du procès-verbal de la remise du service à son successeur, et une déclaration de ce dernier qui s'engage à demeurer chargé de la suite des recettes et des dépenses, ainsi que du reliquat qui lui aurait été versé.

2° Un certificat de quitus en bonne forme du maire de la commune ou des administrateurs de l'établissement, constatant qu'ils n'ont pas de reprises à exercer contre lui, notamment à l'égard des obligations que lui imposait l'article 1er de l'arrêté du gouvernement du 19 vendémiaire an XII, concernant la conservation des biens des communes ou établissements, et les poursuites à exercer pour la perception des revenus.

3° Un certificat de quitus du préfet, délivré au vu du certificat du maire et constatant que les derniers comptes du titulaire, qui ont été jugés par le Conseil de préfecture ou la Cour des comptes, sont apurés et soldés.

Nota. — Les comptables justiciables de la Cour des comptes doivent en outre produire l'arrêt de quitus de cette Cour.

4° Un certificat de quitus du receveur des finances de l'arrondissement, visé par le trésorier général.

5° Le certificat d'inscription du cautionnement délivré par le Trésor public, ou, à défaut, une déclaration de perte, sur papier timbré et dûment légalisée, ou, s'il n'y a pas eu d'inscription, le ou les récépissés constatant le versement au Trésor du cautionnement réglementaire.

6° Les certificats de privilège, s'il en existe.

7° Un certificat de non-opposition délivré par le ministre des Finances (bureau de la dette inscrite, service des cautionnements).

8° Un certificat de non-opposition délivré par le greffier du Tribunal de première instance de l'arrondissement.

Dans le cas où la demande de remboursement est formée par les héritiers ou ayants cause, il y a lieu de joindre au dossier les pièces d'hérédité, certificat de propriété conforme au modèle prévu par le décret du 18 septembre 1806.

S'il s'agit de l'application du cautionnement à une autre gestion, le comptable devra produire, s'il y a lieu, le consentement donné par le bailleur de fonds. Ce consentement doit être donné au dos des certificats de privilège et la signature doit être légalisée.

Les demandes de remboursement ou de changement d'affectation de cautionnements doivent être formulées sur papier timbré à l'adresse du ministre des Finances et énoncer clairement les noms, prénoms, qualités et adresse de la personne à laquelle la lettre d'avis de payement devra être adressée ; de plus, elle devra donner le détail des pièces qui sont jointes à la demande.

Le remboursement est effectué dans le département dans lequel le titulaire a exercé en dernier lieu.

Remboursement à un comptable remplacé après le 31 décembre.

157. Si le comptable n'a été remplacé que dans l'année qui suit celle dont il rend compte, et s'il allègue n'avoir fait aucune opération de recette ni de dépense entre la clôture de son compte et la date de son remplacement, il doit produire, indépendamment des pièces mentionnées ci-dessus, un certificat négatif des autorités locales visé par le préfet, et un semblable certificat du receveur des finances de l'arrondissement, visé par le trésorier général.

Timbre à 25 centimes.

158. Les receveurs des communes et établissements sont autorisés à se servir de timbres mobiles à 25 centimes pour les quittances qu'ils délivrent. Cette disposition (arrêté ministériel du 20 juillet 1863) a abrogé celles édictées par les articles 1453, 1454, 1455 et 1456 de l'Instruction générale du 20 juin 1859.

Interdiction de se servir des timbres à 10 et à 15 centimes pour timbrer des pièces assujetties au timbre de dimension.

159. Les receveurs de l'enregistrement ont seuls qualité pour timbrer les pièces qui sont assujetties au timbre de dimension. Il est expressément interdit aux comptables, percepteurs et receveurs de communes et établissements de faire usage des timbres à 10 et à 25 centimes pour timbrer les actes ou écrits, registres, mémoires, certificats, états de régie, etc., etc., qui sont assujettis au timbre de dimension.

Oblitération des timbres.

160. Les timbres doivent toujours être oblitérés au moyen d'une griffe spéciale à encre grasse. Cette estampille doit être apposée de façon qu'une partie de l'empreinte soit imprimée sur la feuille de papier de chaque côté du timbre.

Frais de timbre à la charge du débiteur.

161. Le prix de la quittance est à la charge du débiteur et s'ajoute de plein droit à la somme qui a fait l'objet de la quittance. La délivrance des quittances timbrées est obligatoire.

Nullité de timbre.

162. Les timbres à 25 centimes ne sauraient servir aux quittances assujetties au timbre-quittance à 10 centimes. L'administration de l'enregistrement considère comme nul le timbre à 25 centimes apposé sur une quittance au lieu d'un timbre à 10 centimes.

Sont également considérées comme non timbrées les pièces sur lesquelles sont apposés des timbres non oblitérés, des timbres lacérés ou mutilés, et enfin des timbres ayant déjà servi.

Contravention.

163. Les comptables ne doivent pas perdre de vue que toute contravention aux lois et dispositions réglementaires sur le timbre leur fait encourir une amende de 50 francs au moins quand la contravention leur est imputable.

164. Sont également passibles d'une amende les comptables qui ont négligé de timbrer une pièce qui était assujettie à ce droit.

Peines disciplinaires encourues pour infractions aux règlements sur le timbre.

Les infractions peuvent donner lieu, indépendamment des amendes et de la responsabilité encourues, à l'application de peines disciplinaires autorisées par les lois et les règlements.

Droit de timbre. — Condition d'exigibilité.

165. Tout écrit signé ou non signé emportant libération, qu'il soit individuel ou collectif, est soumis au timbre à 10 centimes, s'il est afférent à une ou à plusieurs sommes supérieures à 10 francs. Dans le cas où l'état est collectif, il doit être appliqué autant de timbres à 10 centimes qu'il y a sur l'état de quittances supérieures à 10 francs.

166. Sont soumis au timbre de quittance à 10 centimes les reçus, quittances ou décharges d'une somme inférieure à 10 francs, lorsqu'ils ont pour objet, soit un acompte, soit un payement final sur une somme supérieure à 10 francs.

Exception.

167. Par exception aux dispositions qui précèdent, les acomptes d'une somme inférieure à 10 francs se rapportant à une somme supérieure ne sont pas sujets au timbre à 10 centimes lorsqu'ils ont pour objet une rétribution distincte, le payement d'une fourniture déterminée, une indemnité particulière, un salaire ou un forfait pour une période de temps déterminée.

Toutefois les comptables devront veiller à ne pas faciliter la fraude, et à faire l'application du droit de timbre quand il sera légitimement dû.

Frais de timbres à la charge des communes.

168. Les frais de timbres sont à la charge du débiteur. Les communes et établissements sont soumis à cette obligation et doivent assurer dans leurs budgets le payement de ces frais par l'ouverture de crédits suffisants. A défaut de l'inscription d'un crédit sur le budget, il y a lieu de passer outre, attendu que les dépenses de l'espèce sont de droit et constituent une obligation à laquelle les communes et établissements ne peuvent se soustraire. (Code civil, art. 1248; Instr. gén., art. 1017.)

Quittances pour prix de timbres.

169. Les quittances données pour prix de timbres et papiers timbrés, soit par les receveurs de l'enregistrement, soit par les buralistes chargés de la débite ne sont pas sujettes au timbre. Cette exception est basée sur ce motif que la livraison des timbres ou des papiers timbrés implique forcément l'acquittement des droits ou du prix dont ils portent l'indication, et que, conséquemment, la quittance donnée par les receveurs ou préposés constitue une opération d'ordre, mais non un acte libératoire (*voir* art. 36 et 37; Instr. gén., art. 631).

Timbre des mandats et des mémoires.

170. Lorsqu'un mandat est accompagné d'un mémoire sur timbre, il est rationnel que le timbre-quittance soit appliqué à l'acquit donné sur ce mémoire par la partie prenante. Le mémoire acquitté constitue en effet le titre libératoire, alors que le mandat du maire n'est qu'une pièce d'ordre; cependant il n'y a pas contravention à timbrer le mandat et non pas le mémoire, l'administration de l'enregistrement ayant décidé que dans les deux cas le Trésor était désintéressé et les prescriptions de la loi satisfaites (*voir* ci-dessus 36).

Quittances de secours aux pauvres et aux indigents.

171. Les quittances données par les receveurs ou les particuliers sont affranchies du droit de timbre (à 25 et à 10 centimes suivant le cas) lorsqu'elles ont pour objet des secours aux pauvres ou aux indigents. Hormis ce cas, les quittances de subventions et secours sont passibles du droit.

Droit de timbre à la charge de l'État. — Exception.

172. Contrairement aux dispositions générales qui mettent à la charge des débiteurs les frais de quittances, les frais de timbres afférents aux quittances fournies à l'État, ou délivrées en son nom, sont à la charge des créanciers.

Exemption du droit de timbre pour les salaires d'ouvriers.

173. Les quittances des salaires tombent sous l'application de la loi en tant que la somme payée est supérieure à 10 francs; mais l'impôt n'est pas dû lorsque, par application des règlements, les ouvriers et autres salariés ne souscrivent pas de quittance à l'appui du payement. Il n'est pas dû non plus pour l'acquit apposé sur les mandats collectifs de salaires délivrés au nom des agents chargés, par la nature de leurs fonctions, de la répartition entre les ouvriers de la somme ordonnancée.

Exemption du droit de timbre pour les régisseurs.

174. Dans les services régis par économie, les quittances données par les régisseurs sur les mandats d'avances sont exemptes de timbre; mais les acquits des créanciers réels sont soumis au timbre. (C. P., 14 avril 1872.)

Interdiction de faire usage pour les quittances de timbres de dimension ou de formules timbrées.

175. Ainsi qu'il a été dit ci-dessus, il est interdit de faire usage de timbres mobiles de dimension et de feuilles de papier timbré de la débite, au lieu et place des timbres de quittances à 10 centimes, exigibles à l'occasion des acquits dont sont revêtus les états d'émargements. Aucun de ces deux modes n'est autorisé par le décret du 27 novembre 1871.

Amendes encourues. — Responsabilité.

176. Les receveurs des communes, établissements de bienfaisance et autres ne peuvent être rendus responsables des contraventions en matière de timbre relevées par l'administration de l'enregistrement dans les pièces produites à l'appui des comptes de gestion.

Les contraventions doivent être relevées contre les signataires des écrits sujets au timbre. (Circ. int. du 1er juin 1876.)

Observations. — Aux termes de l'article 1524 de l'Instruction générale, tous les imprimés des registres et cadres en blanc qui sont nécessaires aux percepteurs, receveurs de communes et d'établissements publics, soit pour la tenue des écritures, soit pour la formation des comptes de gestion, leur sont fournis par l'entremise des receveurs des finances; ils doivent, dans le mois de juillet de chaque année, leur remettre la note d'approvisionnement dont ils ont besoin pour le service de l'année suivante. (Instr. gén., art. 1524 et 1548.)

Il est interdit aux receveurs des finances, à leurs employés et aux percepteurs de servir d'intermédiaires pour l'envoi et la circulation des offres et demandes d'imprimés. (Instr. gén., art. 1424.)

En conséquence de ce qui précède, les comptables ne sauraient être tenus à adresser leurs demandes d'imprimés à tel ou tel imprimeur plus ou moins attitré ou recommandé; mais il leur est fait une obligation de faire parvenir leur demande à l'imprimeur qu'ils auront choisi, par la voie de leur chef de service, qui demeure chargé de veiller à ce que les approvisionnements soient en rapport avec les besoins du service de chaque comptable.

Dans le cas où il serait fait usage de modèles spéciaux, les comptables doivent se procurer des modèles scrupuleusement conformes aux types donnés.

SECONDE PARTIE

JUSTIFICATIONS DES RECETTES ET DES DÉPENSES

(Article 1542 de l'Instruction générale.)

---

177. Un compte en état d'examen doit comprendre cinq divisions, formant autant de dossiers distincts, savoir :

1° *Inventaire des pièces générales avec pièces à l'appui;*
2° *Pièces justificatives des recettes budgétaires;*
3° *Pièces justificatives des dépenses budgétaires;*
4° *Pièces justificatives des recettes hors budget;*
5° *Pièces justificatives des dépenses hors budget.*

(Instr. gén., art. 1551.)

PREMIÈRE DIVISION

INVENTAIRE DES PIÈCES GÉNÉRALES AVEC PIÈCES A L'APPUI

(Modèle n° 4.)

---

178. L'inventaire des pièces générales doit renfermer les pièces dont la nomenclature est donnée par le modèle de l'Instruction et qui sont les suivantes (C. P., 30 janvier 1866) :

1° Expédition du budget primitif de l'année qui donne son nom à l'exercice ou à la gestion.

2° Expédition du budget additionnel.

3° Tableau des autorisations spéciales. Les décrets ou arrêtés accordant les crédits sont indifféremment annexés à ce tableau ou aux dossiers des dépenses qu'ils concernent; une mention de référence sur le tableau doit faire connaître l'article auquel ces documents auront été joints.

Les crédits reportés de l'exercice clos à l'exercice courant sont considérés comme des autorisations spéciales qui permettent aux receveurs d'acquitter les dépenses qui y sont affectées sans attendre l'arrivée des budgets additionnels.

Dans le cas où des crédits n'auraient pas été reportés par le préfet, les dépenses faites seraient néanmoins régulières, et seraient justifiées dans la comptabilité du receveur par la production des états de restes visés par le maire et le receveur.

4° Compte administratif du maire ou président de la commission d'administration, approuvé par le préfet. (Instr. gén., art. 838, 1551 et 1554.)

5° Expédition de la délibération du Conseil municipal ou du conseil d'administration approuvée par le préfet.

Pour les établissements de bienfaisance, il y a lieu de produire en outre une délibération du Conseil municipal sur le budget et sur le compte. (Décret du 31 mai 1862; Instr. gén., art. 636, 829, 835 à 837.)

6° État de l'actif (modèle n° 223) de la commune ou de l'établissement en fin d'exercice, certifié par le receveur et visé par le maire ou par le président de la Commission. Cet état doit faire figurer, non seulement les rentes et créances, immeubles productifs de revenus, mais aussi les immeubles improductifs, comme églises, cimetières, places publiques, mairies, maisons d'école, presbytères, cours, jardins, etc., etc., avec les indications de contenances, de lieux dits, et les évaluations approximatives de ces immeubles.

Il y a lieu également de porter sur cet état la situation sommaire des procédures entamées.

Mais il n'y a pas lieu d'y faire figurer les recettes de l'octroi, quel que soit le mode de perception adopté, le produit de la ferme des droits de pesage, les droits de places, d'abattoirs et autres produits similaires. Au surplus, il convient de se renfermer dans la limite des indications données par le modèle.

7° Annexe audit état (modèle n° 223 *bis*) faisant ressortir les augmentations ou diminutions de recettes sur les produits spécifiés à l'état de l'actif, afférentes à l'exercice clos, par rapport à celles de l'année précédente.

8° Procès-verbal de situation de caisse au 31 décembre (modèle n° 311) dressé par le maire en présence du receveur et d'un conseiller municipal, appuyé, suivant le cas, des explications du receveur touchant les rectifications de caisse faites postérieurement à la clôture.

9° Bordereau de situation sommaire au 31 décembre, certifié par le receveur, visé par le maire.

10° Annexe audit état, donnant le développement des services hors budget. Cet état doit être produit à l'appui de chacun des comptes présentés à la Cour des comptes. Pour les comptes justiciables du Conseil de préfecture, un seul état suffit.

11° État du passif de la commune ou de l'établissement portant le détail des emprunts, dettes à leur charge, certifié par le receveur et visé par le maire ou le président du Conseil d'administration.

L'état du passif doit faire connaître la situation des dettes, avec indication d'origine, d'annuité d'amortissement et de remboursement définitif.

Pour les communes qui n'ont pas de dettes, il est produit un certificat négatif.

12° Déclaration (n° 5) relative au cautionnement à fournir par les receveurs spéciaux, signée du comptable et visée par le receveur des finances.

Lorsque le cautionnement a été fourni en immeubles, l'inscription hypothécaire doit, si elle a plus de neuf ans de date au moment de l'établissement du compte, être renouvelée immédiatement.

Observations. — Pour les comptes de receveurs remplacés, l'état de l'actif et son annexe, le compte administratif et l'état du passif ne sont pas produits. Le procès-verbal de situation de caisse et la situation sommaire avec son annexe sont remplacés par la copie du procès-verbal de remise de service.

Les pièces désignées sous les n°s 8, 9 et 10 ne sont produites qu'une seule fois par gestion et par juridiction, sauf l'exception indiquée à l'article 10.

Les receveurs qui sont simultanément justiciables de deux juridictions doivent donc composer un dossier complet pour la Cour des comptes et un dossier complet pour le Conseil de préfecture, conformément aux indications qui précèdent.

Dans le cas où une gestion a été rattachée, la décision ministérielle portant autorisation doit être annexée au dossier sous un numéro spécial (*voir* art. 123, § 2); mais il y a lieu de produire une copie de la décision, soit à la Cour des comptes, soit au Conseil de préfecture, dans le cas où le comptable dépend des deux juridictions; de plus, un certificat du maire constatant qu'il n'a pas de reprises à exercer en ce qui concerne la conservation des biens de la commune ou de l'établissement et les poursuites à exercer pour la perception des revenus, doit être joint au dossier.

Pour les comptes rendus d'office ou en vertu de procurations, l'arrêté de nomination ou la procuration régulière doivent être annexés.

Les héritiers ou ayants droit qui présentent eux-mêmes les comptes doivent justifier de leurs droits, ainsi qu'il a été dit aux articles 86, 87 et 94.

DEUXIÈME DIVISION

PIÈCES JUSTIFICATIVES DES RECETTES BUDGÉTAIRES

---

179. *Cinq centimes additionnels ordinaires.*

État général des centimes certifié par le receveur des finances ou par le percepteur quand il n'est pas receveur municipal, visé par le maire.

180. *Attributions sur patentes.*

Même justification qu'à l'article 179.

181. *Attributions sur la taxe des chevaux et voitures.*

Même justification qu'à l'article 179. De plus, les bulletins détachés des ordonnances, constatant les réductions. (C. P., 15 mai 1863, 23 janvier 1864.)

182. *Attributions sur amendes.*

Pour les amendes de police rurale et municipale un état, certifié par le préfet, des amendes dont le produit a dû être versé au receveur municipal, ou la copie, certifiée par le maire, du mandat délivré au nom du receveur municipal, ou enfin, l'avis indiquant le montant des sommes à percevoir.

Pour les amendes de police correctionnelle et de grande voirie, un extrait de l'état de distribution, certifié par le préfet.

183. *Portion revenant à la commune sur les droits de permis de chasse.*

État nominatif et détaillé des droits perçus, certifié par le percepteur, visé par le maire.

184. *Prix de ferme des maisons et usines communales.*

Copies ou extraits non timbrés des baux, pour les prix de ferme dont il est compté pour la première fois et des baux renouvelés dans l'année, et, s'il y a lieu, la justification de la réalisation du cautionnement.

Pour les années subséquentes, notes ou extraits des baux, non timbrés. A l'expiration des baux, l'expédition timbrée et enregistrée (art. 186).

Dans le cas d'indivision entre plusieurs communes, les justifications indiquées ci-dessus sont produites par le comptable centralisateur. Quant à chacune des autres communes, il doit être produit un certificat du maire indiquant la date du titre, la somme totale à recouvrer et la part revenant à la commune.

185. *Biens ruraux communaux (prix de ferme).*

Mêmes justifications qu'à l'article 184.

Dans le cas où des maisons et biens appartenant aux communes seraient consentis à bail en vertu de convention verbale, produire :

1° Copie de la délibération approuvée autorisant le maire à traiter verbalement avec les locataires;

2° Un certificat détaillé du maire relatant les clauses du bail ainsi que la mention de la déclaration à l'enregistrement, suivant le cas.

186. *Droits de location de places aux halles, foires et marchés.*

Pour les produits dont il est compté pour la première fois, l'arrêté du préfet autorisant la perception des droits.

Dans le cas d'adjudication :

1° Procès-verbal d'adjudication enregistré;
2° Cahier des charges;
3° Justification de la réalisation du cautionnement.

Ces pièces non timbrées à l'appui du premier compte; timbrées avec le compte pour solde.

Pour les droits perçus en vertu de baux à ferme, même justification qu'à l'article 184.

Pour les drois perçus en régie simple, un état des produits bruts divisés par mois et présentant les bases et le décompte de la perception; cet état certifié par l'agent de la recette et visé par le maire.

Pour les droits en régie intéressée : 1° bail ou traité, non timbré pour un premier payement, timbré à l'appui du compte final; 2° les bordereaux constatant les versements effectués à la caisse municipale; 3° le compte des bénéfices partagés avec le régisseur.

187. *Droits de pesage, mesurage, jaugeage, péage, abatage, chasse, pêche.*

Mêmes justifications qu'aux article 185 et 186.

188. *Droits de voirie.* (Instr. gén., art. 925.)

Pour les produits dont il est compté pour la première fois et dans le cas de modification aux tarifs anciens, copie certifiée de l'arrêté du préfet qui a établi les droits.

États détaillés et certifiés par le maire des permissions accordées et des droits perçus (voir *Observations*, art. 199).

189. *Droits de stationnement sur la voie publique, sur les ports et rivières, sur les promenades et places publiques, etc.*

Mêmes justifications qu'à l'article 188.

190. *Produit des concessions de terrains dans les cimetières.*

Pour la première fois, copie de l'arrêté préfectoral déterminant le prix et la nature des concessions.

Expéditions timbrées des actes de concessions portant la mention de l'enregistrement.

190 *bis*. *Produits spontanés des cimetières.*

Comme à l'article 184.

191. *Remboursement des taxes sur les valeurs, impôts sur le revenu avancés par la commune.*

État conforme des retenues opérées sur les porteurs de titres, certifié par le maire.

192. *Taxe pour travaux d'art, de salubrité.*

Mêmes justifications qu'à l'article 187.

193. *Taxes de pavage, de balayage, récurage* (Instr. gén., art. 851, etc., etc.), *taxe concernant les trottoirs.*

Pour la première fois, arrêté du préfet réglant les droits.

Le rôle arrêté par le préfet, timbré (*voir* art. 199).

194. *Taxe d'arrosage.*

Comme à l'article 193.

195. *Produits des expéditions des actes de l'état civil.*

État certifié par le maire, donnant le détail par nombre et par nature des expéditions délivrées et de leur produit.

196. *Rentes sur l'État.*

Ce produit est justifié par l'état des rentes et créances joint à l'inventaire. Les comptables doivent renvoyer à cet état par une mention de référence. Dans le cas d'augmentation ou de diminution, certificat du maire faisant connaître le résultat de l'opération.

197. *Rentes italiennes, obligations du Crédit foncier, etc.*

État certifié par le maire du montant des sommes encaissées, visé par le receveur des finances qui a effectué les payements.

198. *Rentes sur particuliers.*

Copies ou extraits des titres dont il est compté pour la première fois; pour les années subséquentes, certificat du maire mentionnant l'année du compte à l'appui duquel les pièces ont été produites et faisant connaître, en outre, la date de la constitution ou du renouvellement, le montant en capital et en revenus, la date de l'échéance et celle de la dernière inscription hypothécaire prise.

199. *Concessions d'eaux et autres.*

Pour la première fois, arrêté déterminant les conditions de prix et les charges des concessionnaires.

Pour les concessions de l'année courante, copie de ces concessions; pour celles des années précédentes, état certifié par le maire.

Dans le cas où les concessions sont renouvelées annuellement, et où elles sont perçues en vertu d'un rôle approuvé qui fait ressortir à la charge des concessionnaires une taxe proportionnelle à raison du volume d'eau qui leur est attribué, il y a lieu de produire le rôle timbré, lorsque les taxes sont entièrement recouvrées.

Observations. — En général, lorsque les rôles communaux ne sont point soldés à la fin de la première année, il y a lieu de produire un certificat ou déclaration de recette, faisant connaître le montant du rôle, les recouvrements effectués, la date de l'exécutoire et le montant des dégrèvements ou annulations. Dans ce cas, le rôle, qui doit toujours être soldé au 31 décembre de la deuxième année, doit être produit à l'appui du compte de cette année avec ordonnances et annulations à l'appui.

Il n'y a exception à cette dernière disposition qu'en ce qui concerne les rôles de la taxe sur les chiens et des prestations, qui, après apurement, sont versés aux archives des mairies.

200. *Intérêts de fonds placés au Trésor.* (Instr. gén., art. 766, 774, 940.)

Décompte dressé par le receveur des finances, visé par le trésorier général.

201. *Produit des engagements volontaires.* (Instr. gén., art. 941.)

État certifié des mandats délivrés par l'intendant militaire.

202. *Produit du collège communal.* (Instr. gén., art. 880.)

État détaillé certifié du compte rendu par le principal, faisant ressortir le bénéfice de la gestion annuelle du collège, et, lorsque la rétribution payée par les élèves est perçue au profit de la commune, états nominatifs trimestriels portant décompte de cette rétribution avec ordonnances de réduction et de décharge à l'appui.

203. *Produit de l'enlèvement des boues, balayures, immondices, etc.*

Comme à l'article 186.

204. *Taxe municipale sur les chiens.*

Exécutoire du rôle, avec annulations à l'appui. (*Voir* art. 199, *Observations.*)

205. *Coupes ordinaires de bois soumis au régime forestier.*

Procès-verbal d'adjudication timbré avec bordereau à l'appui.

206. *Coupe affouagère.*

Rôle T arrêté par le préfet (*voir* art. 199), visé par le conservateur des forêts.

Si la coupe a été vendue pour faire face aux charges inhérentes aux bois, procès-verbal d'adjudication T.

207. *Rôle de pâturages et de parcours, pacage T.*

Comme à l'article 206.

208. *Rôle des produits accessoires des bois; glandée, émondage, bois communaux loués par voie d'allotissement entre les habitants.*

Comme à l'article 206, et suivant le cas, comme aux articles 184, 185, 186.

209. *Coupes de bois non soumis au régime forestier, truffières.*

Procès-verbal d'adjudication et cahier des charges timbrés, approuvés par le préfet. (*Voir* art. 184.)

Les produits accessoires des bois non soumis au régime forestier sont justifiés dans la forme de ceux soumis au régime, sous la réserve que l'approbation du conservateur des forêts est remplacée par celle du maire de la commune.

Nota. — Pour la justification du produit du dixième des coupes de bois et les prorogations de délais d'exploitation, *voir* à la fin du tableau des recettes extraordinaires, art. 237, 238, 239, 240.

210. *Remboursement des frais des recépages et élagages d'office des arbres et haies bordant les chemins vicinaux.* (Chemins vicinaux, art. 294, 295, 311, etc.)

Décision T du juge de paix, portant règlement des frais.

211. *Produit de l'établissement d'eaux minérales.*

Ampliation de l'arrêté d'approbation lorsqu'il est compté pour la première fois.

Si l'établissement est affermé, copie T du bail enregistré.

Si l'établissement est en régie simple, arrêté du préfet autorisant la régie, copie du compte du régisseur comptable faisant ressortir le produit net revenant à la commune.

Nota. — A l'appui d'un premier payement, les pièces sont établies sur papier libre, et sur papier timbré à l'appui du dernier payement.

212. *Produit de l'usine à gaz, de la condition publique des soies.* Comme à l'article 211.

213. *Droits d'octroi.* (Instr. gén., art. 915 à 920, 936 à 938.) *Produit brut.*

Si le receveur compte pour la première fois des droits d'octroi, il doit produire le décret du gouvernement qui autorise la perception et fixe le tarif.

Dans le cas de prorogation, de modification ou de suppression, les comptables devront, conformément aux dispositions des articles 137 et 138 de la loi du 5 avril 1884, produire les justifications ci-après :

Pour le cas de suppression ou de diminution des taxes d'octroi, délibérations du Conseil municipal approuvées par le préfet (art. 69 de la loi du 4 avril 1885), après avis du Conseil général ou de la Commission départementale dans l'intervalle des sessions.

Les délibérations portant augmentation ou prorogation de taxe pour une période de cinq ans et au-dessous, doivent être approuvées par les préfets comme il vient d'être dit, sous la réserve prévue par l'article 139 de la loi municipale du 4 avril 1884.

Sont approuvés par décret du Président de la République rendu en Conseil d'État, après avis du Conseil général ou de la Commission départementale dans l'intervalle des sessions : 1° les délibérations portant augmentation ou prorogation de taxe pour une période de plus de cinq ans; 2° celles portant modification aux règlements ou aux périmètres existants; 3° l'assujettissement à la taxe d'objets non encore imposés au tarif local; 4° l'établissement et le renouvellement d'une taxe non comprise dans le tarif général; 5° l'établissement ou le renouvellement d'une taxe excédant le maximum fixé par ledit tarif général.

Les surtaxes d'octroi sur les vins, cidres, poirés, hydromels et alcools, excédant les proportions déterminées par des lois spéciales concernant les droits d'entrée du Trésor, ne peuvent être autorisées que par une loi.

Les comptables produisent ensuite, chaque année, les pièces indiquées ci-après :

Pour l'octroi en régie simple :

1° Bordereau récapitulatif (modèle 9), arrêté en fin d'année par le directeur des Contributions indirectes, portant mention de l'arrêté préfectoral qui a fixé l'ensemble des frais de perception (décret du 12 février 1870);

2° Relevé sommaire (modèle 4) par bureau de perception, certifié par l'agent chargé du contrôle administratif, visé par le maire, formé avec les états remis chaque mois au receveur municipal par les receveurs de l'octroi;

3° Bordereau formé par le receveur municipal, certifié par le maire et présentant le montant par bureau de perception, des bulletins de versements faits à la caisse du comptable. (C. P., 31 janvier 1828.)

Dans le cas de régie simple les quittances délivrées par le comptable sont exemptes du timbre; ces quittances sont au contraire soumises au timbre dans les cas de ferme et de régie intéressée, attendu qu'elles constituent un titre libératoire. (C. P., 1er décembre 1665 et 24 juin 1875.)

Pour l'octroi en régie intéressée, les mêmes pièces que ci-dessus, auxquelles il faut ajouter :

1° Avec le premier acompte, la copie non timbrée du bail ou traité;

2° A la fin de chaque année, le compte provisoire des bénéfices partagés avec le régisseur;

3° En fin de bail, le compte définitif de ces bénéfices et l'expédition timbrée du bail.

Pour l'octroi en ferme, avec le premier compte, une copie non timbrée du bail; l'expédition timbrée en fin de bail.

Pour l'octroi perçu par abonnement avec la régie des contributions indirectes :

1° Avec le premier compte, l'acte d'abonnement et la convention faite avec la régie pour les traitements fixes et éventuels des préposés;

2° Les bordereaux constatant les versements effectués à la caisse municipale, et le bordereau récapitulatif arrêté, à la fin de l'année, par le directeur des contributions indirectes ou le chef de service de l'arrondissement, contradictoirement avec le maire.

3° Pour les recettes accessoires, les extraits dûment certifiés, des règlements d'octroi, et les actes qui ont fixé les recettes accidentelles.

Pour les recettes d'ordre, *voir* aux services hors budgets.

214. *Droits perçus dans les écoles préparatoires.* (Instr. gén., art. 1542, § 21.)

État des droits perçus conforme au modèle 102 de l'Instruction générale.

215. *Droits de sépulture dans le caveau provisoire ou dépositoire.*

Copie certifiée du tarif lorsque le compte paraît pour la première fois ; pour les années subséquentes, état détaillé des sommes à percevoir.

216. *Centimes pour frais de perception des impositions communales.*

Comme à l'article 179.

217. *Centimes pour insuffisance de revenus et centimes additionnels à un titre particulier ou général.*

Comme à l'article 179.

218. *Centimes pour le traitement du garde champêtre.*

Comme à l'article 179.

219. *Prestations pour les chemins vicinaux.*

Comme à l'article 204.

220. *Centimes ordinaires pour chemins vicinaux.*

Comme à l'article 179.

221. *Souscriptions volontaires en faveur des chemins vicinaux.*

Rôle de souscription non timbré arrêté par le maire, rendu exécutoire par le préfet. (*Voir* art. 199, *Observations.*)

Ordonnances et réductions portant annulation de titres.

222. *Souscriptions volontaires à différents titres.*

Comme à l'article 221, mais les rôles et actes d'engagements sont soumis au timbre de dimension.

223. *Centimes spéciaux pour l'instruction primaire.*

Comme à l'article 179.

224. *Subventions à l'instruction primaire.*

Déclaration de versement du trésorier général.

Cette déclaration, qui est collective pour toutes les communes d'une même perception, doit être jointe à l'appui du compte de la commune chef-lieu, et justifie les recettes à ce titre des autres communes. (A cet effet on renvoie au premier compte par une mention de référence.) Lorsqu'un comptable est en même temps justiciable de la Cour des comptes et du Conseil de préfecture, il doit fournir pour chaque juridiction une déclaration spéciale et distincte qui lui est délivrée par le trésorier général.

225. *Fondations et legs en faveur de l'instruction primaire et à un titre particulier.*

Lorsque ce produit paraît pour la première fois, il y a lieu de produire les pièces désignées ci-après :

1° Délibération du Conseil municipal, conformément à l'article 111 de la loi du 4 avril 1884, réglant l'acceptation, sous les conditions des articles 1, 6 et 17 de la loi du 24 juillet 1867, approuvée par le préfet ;

2° Ampliation de l'arrêté ou arrêt d'autorisation rendu par le Conseil de préfecture, s'il n'y a pas de réclamation de la part de la famille ; par le Conseil d'État, dans le cas de réclamations ;

3° Extrait certifié et timbré des actes de donations, inventaires, partages, testaments, établissant les droits de la commune quand ce n'est pas une somme fixe qui a été léguée.

Pour les années subséquentes, certificat du maire visant la date de la constitution et la somme léguée.

226. *Donations.*

Mêmes justifications qu'à l'article 225. De plus, l'expédition timbrée de l'acte de donation entre vifs relatant la mention de l'enregistrement.

Si l'acceptation du maire et la notification de cette clause ne résultent pas de l'acte qui constitue ce don :

1° Expédition timbrée de l'acte d'acceptation conformément aux dispositions de la loi du 4 avril 1884, notarié et enregistré;

2° Copie timbrée de la notification faite au donateur conformément à l'article 932 du Code civil;

3° Inventaire des effets mobiliers, s'il y a lieu;

4° Expédition timbrée, s'il y a lieu, du jugement ou autres, constatant la réduction à la quotité disponible.

Dans le cas de donations de biens susceptibles d'hypothèques, les actes de donation et d'acceptation, ainsi que la notification de l'acceptation, si elle a eu lieu par acte séparé, doivent être transcrits (Code civil, art. 939).

227. *Legs.*

1° Extrait *parte in quâ* timbré du testament, enregistré;

2° Expédition timbrée de l'acte notarié d'acceptation par le maire, aux conditions indiquées dans la loi du 5 avril 1884;

3° S'il y a lieu, expédition timbrée du jugement ou autres, constatant la réduction du legs à la quotité disponible.

Quand il n'a pas été légué une somme fixe :

1° Inventaire après le décès, timbré et enregistré;

2° Acte de vente, s'il y a lieu;

Dans le cas de legs universel, s'il y a un exécuteur testamentaire :

1° Expédition timbrée de l'acte notarié contenant l'arrêté de compte de l'exécuteur testamentaire;

2° Délibération approuvée du Conseil municipal acceptant ce compte, ou expédition timbrée du jugement d'homologation.

228. *Dons manuels.*

Copie de la délibération du Conseil municipal déterminant la somme à percevoir, ou état certifié par le receveur municipal et visé par le maire des sommes versées à la caisse. (Instr. gén., art. 946 à 952.)

Nota. — Les droits d'enregistrement sont suspensifs jusqu'à l'approbation préfectorale. Ils sont exigibles à dater de l'approbation.

228 bis. *Produits de l'octroi de banlieue.* (Loi du 28 avril 1816.)

Extrait de l'arrêté préfectoral fixant la part de la commune dans la moitié à partager sur le produit net.

Recettes extraordinaires.

229. *Impositions extraordinaires pour travaux, remboursements, etc.*

Comme à l'article 179. De plus, les ampliations ou extraits, certifiés par le maire, des lois, décrets ou arrêtés préfectoraux qui autorisent les impositions, à l'appui du compte où la recette paraît pour la première fois.

230. *Centimes extraordinaires pour chemins vicinaux, etc., etc.*

Comme à l'article 229.

231. *Emprunts.*

1° Copie de la délibération du Conseil municipal réglant les conditions de l'emprunt;

2° Ampliation de l'arrêté du préfet autorisant l'emprunt dans les conditions déterminées par la loi du 5 avril 1885. (Instr. gén., art. 63, § 11, art. 141, 142, 143.)

3° Suivant le cas, copie du décret rendu en Conseil d'État.

Date de la loi autorisant l'emprunt.

§ 1. Si l'emprunt est réalisé par voie d'obligations souscrites à des particuliers : la première année, copie non timbrée de l'acte notarié constatant les conditions de l'emprunt, certifiée par le maire.

Nota. — Les actes de l'espèce sont soumis à l'approbation supérieure comme il est dit ci-dessus aux paragraphes 1, 2 et 3.

A l'appui des comptes subséquents, certificats explicatifs du maire ; la dernière année, expédition timbrée.

§ 2. Si l'emprunt est consenti en vertu de traité de gré à gré :

Mêmes justifications que ci-dessus, mais la minute est exempte du timbre et de l'enregistrement (loi du 15 mai 1818).

§ 3. Dans les emprunts par voie d'adjudication, à l'appui du premier compte : copie non timbrée du cahier des charges et du procès-verbal d'adjudication, enregistré, revêtu de l'approbation supérieure comme il a été dit aux paragraphes 1, 2 et 3 du présent article. Pour les années subséquentes et la dernière année, comme il a été dit pour les emprunts par voie d'obligations notariées.

§ 4. Si l'emprunt est réalisé par voie de souscription publique :

État sommaire dressé par le receveur et visé par le maire, indiquant le montant des sommes souscrites, des remboursements d'excédents affectés aux souscriptions et des sommes définitivement acquises à la commune, l'indication des numéros (par premier et dernier) des titres émis.

§ 5. Pour les emprunts consentis par le Crédit foncier, en outre des pièces générales d'autorisation, consentement donné par le Crédit foncier à la conclusion de l'emprunt, ampliation du traité en stipulant les conditions.

§ 6. Pour les emprunts à la Caisse des dépôts et consignations, pièces générales d'autorisation, récépissé timbré à 10 centimes des valeurs ou obligations souscrites pour chaque emprunt ou portion d'emprunt.

§ 7. Pour les emprunts à la Caisse des chemins vicinaux et à la Caisse des écoles, en outre des pièces générales d'autorisation, copie timbrée, certifiée par le maire, du contrat synallagmatique souscrit par le maire et le directeur général de la Caisse des dépôts, avec mention de l'enregistrement.

§ 8. Si l'emprunt est réalisé en plusieurs termes, chacun des comptes autre que celui de la première année est appuyé d'un état dressé par le maire rappelant la date et la teneur du contrat, la somme totale de la somme empruntée, les acomptes versés, avec indication de l'annuité.

Toute prorogation d'emprunt ayant pour effet d'étendre la durée de l'amortissement au delà du terme fixé par l'autorisation, constitue une obligation nouvelle qui exige une autorisatisn spéciale rendue dans la forme usitée pour l'emprunt lui-même.

232. *Subventions de l'État ou du département.*

Déclaration de versement du trésorier général, lorsque la subvention a été versée à la caisse de ce comptable.

Dans le cas où la subvention a été versée directement dans la caisse communale au moyen de mandats du préfet : État certifié par le receveur des finances présentant les numéros des mandats délivrés, la date de l'ordonnancement et le montant de ces mandats.

Pour les subventions spéciales aux chemins vicinaux et ruraux :

Arrêté de fixation du Conseil de préfecture, ou décision de la

Commission départementale, selon que les subventions auront été réglées dans la forme des expertises ou dans celle des abonnements.

233. *Vente, aliénation, échange d'immeubles communaux servant à un service public.*

1° Ampliation de l'arrêté préfectoral autorisant la vente;

2° Copie timbrée du procès-verbal d'adjudication ou de la vente amiable enregistrée, ayant déterminé le prix et les conditions de la vente.

Nota. — Dans le cas de justification provisoire, les extraits sont fournis sur papier libre avec la mention de l'enregistrement, et l'indication que la pièce en due forme sera produite après apurement;

3° Copie, s'il y a lieu, du cahier des charges;

4° Décompte en principal et intérêts, s'il y a lieu (modèle n° 31), dressé suivant les termes de l'article 586 du Code civil, certifié par le receveur et visé par le maire.

En matière de chemins vicinaux, les aliénations de parcelles de terrains par suite d'alignements, rectifications, etc., etc., sont réglées par l'administration des chemins vicinaux.

En matière ordinaire, le règlement est fait soit amiablement entre le maire et les intéressés, soit sur dire d'experts; dans ce cas, il y a lieu de produire un extrait timbré du procès-verbal de règlement de compte.

234. *Aliénations des biens mobiliers et immobiliers des communes, autres que ceux servant à un usage public.*

Décret du Président de la République qui détermine les formes de la vente; acte de vente notarié et enregistré. (*Voir* art. 233.)

235. *Soulte provenant d'échanges.*

Ampliation de l'acte qui a autorisé l'acquisition ou l'échange, enregistré et approuvé par l'autorité compétente.

Décompte du principal et des intérêts certifié par le maire.

236. *Vente de menus produits, joncs, marne, litière, sumac, etc., et d'objets mobiliers de peu de valeur.*

Suivant l'importance de la vente, copie de l'acte de vente ou du traité de gré à gré, timbré et enregistré, et revêtu de l'approbation préfectorale; cahier des charges timbré s'il y a lieu.

Pour les ventes d'une faible importance, état dûment certifié par le maire, indiquant les noms des débiteurs, les dates des ventes, la nature et la quantité des objets ou produits, le prix de l'unité, l'époque du payement et le prix de la vente.

237. *Indemnités pour prorogation de délais d'exploitation des bois communaux soumis au régime forestier.* (*Voir* ci-dessus 209.)

Ampliation de l'arrêté du conservateur des hypothèques fixant l'indemnité à verser.

238. *Indemnités pour prorogation de délais d'exploitation des bois communaux* non *soumis au régime forestier.*

Certificat du maire fixant l'indemnité.

239. *Coupes extraordinaires de bois.* (*Voir* ci-dessus 209.)

Procès-verbal d'adjudication portant la date du décret qui a autorisé la vente, sur timbre, avec bordereau récapitulatif à l'appui.

240. *Produit du dixième du montant total de la vente des bois* (*ordinaire et extraordinaire pour les bois soumis au régime*).

Certificat du maire faisant connaître le montant total du prix de vente, et le dixième à verser par anticipation dans la caisse communale. (*Voir* ci-dessus 209.)

Nota. — Les recettes de l'espèce sont faites consécutivement à la vente des bois, alors que les traites ne sont encaissées que dans l'année qui suit celle où l'adjudication a été donnée. Conséquemment la justification définitive du versement des dixièmes est produite à l'appui du compte de l'exercice suivant.

241. *Remboursement de rentes sur particuliers, obligations, etc.*

L'obligation timbrée ou l'expédition de l'acte constitutif de rentes (sur timbre). Dans le cas où le capital serait remboursé sous la déduction prévue par la circulaire du ministre de l'intérieur du 24 septembre 1825, ampliation de la délibération du Conseil municipal approuvée par le préfet, portant cette réduction.

242. *Remboursement partiel de rentes sur particuliers.*

Dans le cas où une rente sur particuliers est constituée sur la tête de plusieurs débiteurs, le remboursement d'un des débiteurs doit être justifié comme à l'article 241. De plus, la délibération du Conseil municipal doit stipuler la quote-part à la charge du débiteur qui s'est libéré, et faire connaitre la somme à laquelle a été réduit le titre primitif, par suite du remboursement partiel (*voir* 247) (1).

243. *Excédents de versements revenant aux communes par suite de dégrèvements sur contributions.*

Déclaration d'emploi de l'ordonnance faisant ressortir l'excédent, délivrée par le percepteur ou le receveur.

244. *Remboursement de frais d'expertise mis à la charge de contribuables.*

État non timbré (*voir* 252).

Cette recette est justifiée par le mandat délivré par le préfet au bénéfice des experts. Ce mandat est classé avec les dépenses supplémentaires du compte de la commune. Le comptable doit indiquer en recette, par une mention de référence, qu'il y a lieu de se reporter à cette dépense pour justifier la recette.

245. *Condamnations judiciaires prononcées au profit de la commune.*

Expédition timbrée des jugements, arrêtés ou arrêts.

246. *Produit de la vente de rentes sur l'État ou autres titres.*

Bordereau timbré de l'agent de change qui établit le décompte de l'opération et le net revenant à la commune.

Nota. — L'ampliation de la délibération du Conseil municipal approuvée par le préfet, tendant à la vente des valeurs ne doit pas être produite à l'appui du compte, attendu que cette pièce a dû être nécessairement jointe à l'appui de la demande de vente signée par le receveur municipal, et que c'est sur le vu de cette pièce que la Chambre syndicale des agents de change a pu passer outre à la vente.

Le fait même de la vente est la consécration et la garantie de l'accomplissement des formalités prescrites.

247. *Remboursement d'une partie du capital d'une rente ou redevance.*

1° Décision du préfet autorisant le remboursement;

2° Déclaration timbrée du débiteur, indiquant la date du rem-

(1) Ampliation de la délibération approuvée doit demeurer annexée au titre.

boursement à effectuer, et la caisse où ce remboursement doit être fait;

3° Certificat du comptable au bas de ladite déclaration, attestant la date du remboursement, visé par le maire (*voir* 242).

248. *Frais de délimitation et de bornage des forêts communales, biens ruraux, etc., à la charge des riverains.*

Rôle timbré dressé par le maire ou par le conservateur des forêts, suivant le cas, rendu exécutoire par le préfet (*voir* art. 199, *Observations*) (1).

249. *Indemnités en cas d'incendie, etc.*

Expédition timbrée de l'estimation contradictoire approuvée par le préfet.

250. *Droits de marque ou de garantie.*

Extrait de la décision qui a fixé le taux de l'abonnement.

251. *Forcement en recette prononcé par les juges des comptes.*

Extrait de l'arrêté ou arrêt prononçant le forcement, certifié par le maire.

(1) D'une décision du ministre des finances du 17 novembre 1809, il résulte que tous les actes intéressant les communes, au point de vue de la comptabilité et de la gestion de leurs biens, sont soumis au timbre, comme s'il s'agissait d'actes passés entre particuliers, par la raison qu'ils peuvent faire titre ou être produits pour obligation, décharge, justification, demande ou défense. D'où il suit que les rôles des produits communaux, sauf ceux qui sont recouvrés comme les contributions directes et qui jouissent dès lors, comme les quittances détachées du registre à souche (loi de brumaire an VII, art. 16), de la dispense du timbre, doivent être timbrés. Les rôles de l'espèce sont : les rôles des contributions particulières en général, notamment ceux concernant : les abattoirs, la chasse, la pêche (art. 187); les droits de voirie (art. 188); les droits de stationnement, etc., etc. (art. 189); les travaux d'art et de salubrité (art. 192); le pavage, le balayage, le récurage (art. 193); l'arrosage (art. 194); le gaz, les eaux, les égouts, les trottoirs, le pavage (art. 199); les boues, balayures, immondices (art. 203); l'affouage (art. 206); le pâturage, le pacage, le parcours (art. 207); les droits de sépulture (art. 215); les souscriptions particulières (art. 222, 256, 261), etc., etc., et en général tous les rôles de produits communaux assimilables aux produits ci-dessus désignés. Sont exempts, par suite, de cette disposition : les rôles de prestations pour le service des chemins vicinaux, les rôles de cotisations et souscriptions volontaires pour le même service, les rôles de la taxe municipale sur les chiens, les rôles de cotisations volontaires ou de répartition des dépenses pour travaux effectués par les associations syndicales, par application de la loi du 21 juin 1865 (art. 15).

252. *Recettes accidentelles et imprévues.*

Titres, timbrés ou non timbrés, suivant le cas, qui établissent les droits à percevoir, arrêtés par le maire et rendus exécutoires par l'autorité supérieure (*voir* 248).

253. *Reversements à titres particuliers, produit de la délivrance de livrets d'ouvriers.*

États certifiés par le maire.

254. *Amendes encourues par les comptables pour retard dans la présentation des comptes.*

Comme à l'article 251.

255. *Remboursement d'impôts des terrains jouis en commun.* (Instr. gén., art. 65.)

Rôle non timbré approuvé par le préfet.

256. *Produit des recépages, élagages, etc., des arbres appartenant à la commune.*

État nominatif visé par le maire, arrêté par le préfet (*voir* 242).

257. *Remboursement de solde d'avances faites à un régisseur comptable.* (Chemins vicinaux, 6 décembre 1876, art. 196.)

1° Duplicata de la quittance à souche délivrée au régisseur-comptable;

2° Déclaration visée par le maire, fournie par le régisseur comptable, faisant connaître les motifs de remboursement.

258. *Remboursement de droits d'enregistrement.*

Décision de l'administration de l'enregistrement, ordonnant le remboursement.

259. *Reversement aux communes pour trop perçu sur les contingents de diverses natures, sur les dépenses des enfants assistés, etc., etc.*

Comme à l'article 232.

260. *Restes à recouvrer des exercices précédents sur les taxes des chiens, prestations, etc.*

Voir art. 199, *Observations*.

261. *Produits recouvrés après admission en non-valeurs.*

États nominatifs, dûment certifiés par le maire, indiquant la nature du produit et son origine (*voir* 242).

Nota. — Les recouvrements qui seraient effectués sur des titres annulés ne peuvent être opérés à la requête du comptable; ils sont dus à l'initiative du débiteur, qui ne saurait y être contraint. Dans le cas de recouvrements de l'espèce, le comptable doit délivrer quittance à souche au titre primitif de la créance et dans la forme qu'elle comporte, sous la réserve de faire établir un titre de perception conformément aux indications qui précèdent.

Rentes italiennes.

Observations. — § I. Les communes non plus que les établissements ne peuvent posséder des titres de rentes ou valeurs au porteur. Ces titres doivent être nominatifs; de plus, lesdites communes et établissements ne peuvent posséder des valeurs nominatives autres que des rentes sur l'État français et par exception des obligations du Crédit foncier.

Dans le cas où ils seraient appelés à recueillir par voie de donation, legs, succession, etc., des titres au porteur ou des valeurs autres que celles sus-désignées, quelle qu'en fût la forme, les receveurs-comptables devraient en référer aussitôt à leur chef de service, afin d'arriver, sans délai, à la négociation de ces valeurs ou à leur conversion en titres nominatifs de l'État français ou du Crédit foncier.

Relativement aux titres nominatifs de rentes italiennes possédées par quelques communes et établissements des provinces annexées à la France par le traité de 1860, il y a lieu de remarquer que l'exception prononcée par M. le Ministre des finances en 1862 ne peut être considérée que comme une mesure transitoire qui n'infirme en rien les dispositions qui précèdent. On ne saurait donc appliquer à des titres acquis ou possédés postérieurement à cette date, le bénéfice de l'exception spécialement attribué aux titres existants et possédés au moment de l'annexion.

Les comptables devront prendre charge sur les états des rentes et créances, des titres de rentes italiennes, comme il a été dit des titres de rentes françaises et du Crédit foncier. Ils feront figurer lesdits titres pour la rente nominale qui y est portée, mais ils devront consigner dans la colonne *Observations*, que l'intérêt net est celui qui est porté sur le titre sous la déduction du 13,20 pour 100.

La mesure d'exception prononcée en faveur des titres italiens implique la nécessité de rentrer dans la loi générale dès que les circonstances le permettent. A cet effet, il est fait un devoir aux comptables de provoquer la négociation de ces valeurs, pour le remploi du produit être fait, par tous les moyens possibles, en valeurs françaises légales.

Si l'on considère que la rente italienne nominative est frappée d'un impôt de 16 pour 100 au moins, se décomposant ainsi : 13,20 pour 100 au bénéfice du Trésor italien, 3 pour 100 afférent à la taxe des biens de main-morte, plus un intérêt de retard à déterminer, provenant du délai apporté nécessairement entre le jour de l'échéance et celui du payement, on se convaincra que les rentes françaises présentent un avantage égal. D'autre part, la rente italienne ayant été généralement constituée à un capital réel de beaucoup au-dessous du pair, la consolidation de ces rentes à un taux supérieur à 90 francs ferait ressortir une majoration importante de ce capital, pour un intérêt au moins égal à celui de la rente italienne.

A cet effet, il serait opportun au moment du renouvellement de ces titres, alors que la constitution du dossier des pièces requises pour arriver au renouvellement est à peu près identique à celles nécessaires pour la vente, d'agir dans le sens de la vente afin de régulariser une situation au bénéfice de laquelle l'exception ne saurait être indéfiniment maintenue.

Résiliation de baux par suite de décès, de faillite ou d'abandon de l'adjudicataire. — Résiliation amiable.

§ II. Lorsque, à la suite de circonstances particulières, il y a lieu à résiliation amiable de bail, marché, etc., consenti par adjudication, traité, etc., etc., les comptables doivent produire en outre des pièces réglementaires, le consentement timbré et enregistré, signé d'une part par le maire, agissant en vertu d'une délibération approuvée, laquelle demeure annexée au consentement, et de l'autre, par l'adjudicataire ou l'entrepreneur.

La délibération doit mentionner d'une manière explicite les motifs de résiliation et les bases du consentement à intervenir.

Dans le cas de résiliation forcée par suite de faillite : 1° produire une ampliation de la délibération du Conseil municipal approuvée tendant à résiliation, sur les motifs de faillite de l'adjudicataire ou entrepreneur; 2° un extrait du jugement du Tribunal de commerce prononçant la faillite;

Dans le cas de décès, délibération comme ci-dessus prise au vu de l'acte de décès de l'adjudicataire et de la demande formée par les héritiers ou ayants droit, tendant à résiliation.

Les charges de l'adjudication pèsent sur l'adjudicataire en résiliation jusqu'au jour où il a été effectivement remplacé, sauf dispositions contraires stipulées dans la délibération du Conseil municipal.

Dans le cas d'abandon, délibération du Conseil municipal comme ci-dessus, déterminant la date à compter de laquelle le bail est virtuellement résilié.

En outre, il y a lieu de produire les justifications comme en fin de bail.

Fondations complexes.

§ III. Lorsque le legs fait a pour objet une fondation complexe, ayant plusieurs buts déterminés, sans distinction spéciale de la part attribuée à chacun, il y a lieu de produire, en outre des pièces ordinaires, 1° dans le cas de transaction amiable, l'arrêté du préfet visant le consentement donné par écrit, par les héritiers, à la délivrance du legs aux conditions spéciales d'affectation prévues par le testament ou acte de donation; 2° dans le cas de contestation ou de réclamation de la part des héritiers, ampliation du jugement interprétant le testament et déterminant l'attribution à faire à chacun des services visés par le fondateur.

Nota. — Les lois de 1881 et de 1886 sur l'instruction primaire, ayant apporté des modifications fondamentales dans le service des fondations, les comptables devront veiller à ce que les dispositions des legs ou fondations existantes ne soient pas frappées de caducité. Dans ce dernier cas, ils devront en référer à l'administration municipale et à leur chef de service.

§ IV. *Observation générale.* — Toutes les recettes pour lesquelles les lois et règlements n'ont pas prescrit un mode spécial de recouvrement s'effectuent sur les états dressés par le maire. Ces états sont exécutoires après qu'ils ont été visés par le préfet ou le sous-préfet (*voir* art. 248).

Les oppositions, lorsque la compétence est de la matière des tribunaux ordinaires, sont jugées comme affaires sommaires, et la commune peut y défendre sans autorisation du Conseil de préfecture (loi du 4 avril 1884, art. 154).

Toute personne autre que le receveur municipal, qui sans autorisation légale se sera ingérée dans le maniement des deniers de la commune, sera par ce seul fait constituée comptable et pourra être poursuivie, en vertu du Code pénal, comme s'étant immiscée sans titre dans les fonctions publiques (loi du 6 avril 1885, art. 155), sans préjudice de l'action en dommages-intérêts qui pourra lui être intentée par le comptable lésé.

TROISIÈME DIVISION

PIÈCES JUSTIFICATIVES DES DÉPENSES BUDGÉTAIRES

---

262. *Traitement des secrétaires et employés de mairie.*

La quittance individuelle ou l'état émargé des parties prenantes, énonçant : leurs noms, grades et qualités, le montant de leurs traitements, gages ou salaires, par année, par mois ou par trimestre, et s'il y a lieu, le montant des retenues à verser à titre de pensions civiles ou à la caisse des retraites, et le net à payer.

Les mandats individuels sont sujets au timbre-quittance à 10 centimes quand ils s'élèvent à plus de 10 francs ou qu'ils forment un acompte sur une somme totale supérieure à 10 francs. Les états d'émargement sont établis sur papier timbré ; de plus, il doit y être apposé autant de timbres-quittances à 10 centimes qu'il y a de traitements ou salaires supérieurs à 10 francs.

263. *Frais de bureau de la mairie.*

Pour les fournitures de 300 francs et au-dessous, factures ou mémoires timbrés des fournitures, réglés par le maire, certifiés et quittancés par les fournisseurs réels. Pour les objets mobiliers, les mémoires devront relater les numéros sous lesquels ces objets ont été inscrits sur l'inventaire de la mairie.

Dans le cas où les fournitures ne s'élèvent pas au-dessus de 1,000 francs : Copie du procès-verbal d'adjudication, des soumissions, conventions, marchés, traités timbrés, ou autorisation du sous-préfet de faire la dépense par voie de régie ou d'économie, timbrée ou non timbrée comme il est dit ci-après;

Pour des sommes supérieures à 1,000 francs, copie non timbrée des marchés et cahiers des charges, et justification, timbrée s'il y a lieu, de la réalisation du cautionnement, à l'appui des payements effectués la première année; mention de référence à la première année, pour les années subséquentes; copie timbrée des marchés et cahiers des charges avec certificat sur timbre du maire, constatant que les fournitures ont été régulièrement faites, à l'appui du payement pour solde. Pour les menues dépenses faites par le maire, état détaillé de ses avances, sur timbre au-dessus de 10 francs. Dans le cas où la somme inscrite au budget est allouée à forfait au maire, quittance timbrée si le mandat est supérieur à 10 francs.

Lorsque le crédit est d'une faible importance, l'allocation peut alors être considérée comme une indemnité fixe; dans ce cas, il n'y a pas lieu de produire un mémoire, le mandat timbré, suivant le cas, suffit; mais il convient alors d'indiquer sur le mandat que la dépense est faite à titre d'indemnité.

264. *Abonnement au* Bulletin des Lois, *au* Bulletin des Communes.

1° Extrait de l'arrêté préfectoral fixant le contingent de la commune (cet extrait est requis par la Cour des comptes seulement);

2° Récépissés à talon ou déclarations de versements délivrés par le receveur des finances, pour les comptables justiciables de la Cour des comptes. Extraits ou coupures de récépissés pour les communes justiciables du Conseil de préfecture; dans ce cas, le mandat du maire qui est joint à chaque pièce de dépense, est acquitté pour ordre et doit indiquer les numéros du catalogue de la bibliothèque ou de l'inventaire sous lequel les publications sont classées. On peut aussi, pour les comptes d'une faible importance, se borner à produire le mandat du maire visant l'arrêté préfectoral qui a ordonné la centralisation, revêtu du numéro du récépissé du receveur des finances et de la signature, pour acquit, de ce comptable.

Nota. — Il est rappelé aux comptables qu'ils ont à fournir une justification distincte pour les deux juridictions quand ils sont en même temps justiciables de la Cour des comptes et du Conseil de préfecture.

265. *Abonnement au* Journal des Communes, *au* Bulletin officiel de l'intérieur, *à* l'École des Communes, *au* Bulletin des Lois, *à la* Table trentenaire *du* Bulletin annoté des Lois, *etc.*

Comme à l'article 264.

266. *Abonnement au* Journal des Maires, des Instituteurs, *etc., etc.*

Quittances timbrées, s'il y a lieu, des administrateurs de ces publications, avec indications des numéros de l'inventaire ou du catalogue, comme il est dit à l'article 264.

267. *Abonnement à diverses publications périodiques* (Compt. publ., 11 janvier 1877).

Décision administrative qui autorise la dépense, quittance du prix de l'abonnement, timbrée au-dessus de 10 francs. (*Voir* art. 264 pour l'inscription à l'inventaire.)

268. *Abonnement à un journal quelconque non politique.* (Intér., 14 février 1878.)

Quittance des fournisseurs, timbrée au-dessus de 10 francs. (*Voir* art. 264 pour l'inscription à l'inventaire.)

268 bis. *Indemnité au maire pour frais de représentation et aux conseillers pour missions spéciales.*

Délibération du Conseil, approuvée par le préfet.

Mémoire T, au-dessus de 10 francs.

269. *Frais de registres de l'état civil.*

Comme à l'article 264.

270. *Impressions à la charge des communes.*

Comme à l'article 264. Dans le cas où la totalité du crédit ne serait pas absorbée par les prélèvements faits d'office en vertu d'arrêtés du préfet, la somme disponible peut être affectée à des dépenses ordonnancées par le maire au titre d'impressions.

271. *Confection et renouvellement des matrices générales.*

Comme à l'article 264.

272. *Timbres des comptes et registres de la comptabilité communale.*

Mandat du maire, non timbré, au profit du receveur de l'enregistrement ou de la personne qui a fait l'avance, avec détail des timbres employés.

Les mandats de l'espèce sont affranchis du droit de timbre par la raison que la fourniture des timbres implique le payement du prix dont ils portent l'indication, et que conséquemment, l'acquit donné par le receveur ou la partie prenante qui en a fait l'avance, constitue une opération d'ordre et de pure forme administrative et non un acte libératoire.

Ces dispositions sont applicables aux mandats délivrés pour achat de papier timbré.

273. *Timbres des mandats de payement délivrés par le maire.*

Mandat du maire portant détail des timbres employés (*voir* 272).

274. *Traitement du receveur municipal.*

Dans le cas de mutation de comptable, de modification de traitement ou de changement de juridiction, à l'appui du premier mandat, ampliation de l'arrêté préfectoral qui a déterminé le traitement fixe.

Lorsque le comptable bénéficie du dixième en plus, il doit joindre à l'appui du premier mandat une ampliation de la délibération du Conseil municipal, dûment approuvée par le préfet qui lui a alloué ce dixième.

L'allocation du dixième en plus est un avantage personnel au comptable, qui en jouit jusqu'à ce qu'une nouvelle délibération en ait annulé l'effet. Dans le cas de mutation de comptable, le bénéfice du dixième ne saurait être appliqué de droit au successeur, alors même que le crédit serait ouvert au budget. Il y a lieu pour ce dernier, de provoquer une délibération spéciale.

Les mandats de traitement des receveurs municipaux et des receveurs d'établissements, à l'exception de ceux des receveurs municipaux spéciaux, doivent contenir la mention de la retenue du vingtième, exercée sur les trois quarts du traitement annuel. Cette retenue est versée au compte des pensions civiles. La retenue doit frapper le traitement fixe ainsi que le dixième alloué en plus.

275. *Frais de perception des impositions communales.*

Mandat du maire acquitté par le percepteur, timbré au-dessus de 10 francs ; les mandats de l'espèce doivent porter la mention de la retenue comme il a été dit à l'article 274.

Ces mandats ne sont pas sujets au timbre à 10 centimes lorsque, ne s'élevant pas à 10 francs, ils représentent la remise proportionnelle revenant au comptable pour une gestion de courte durée, alors même que le montant du crédit serait supérieur à 10 francs.

276. *Indemnité au percepteur, pour la rédaction de l'état-matrice de la taxe municipale sur les chiens.*

Mandat acquitté par le percepteur, timbré au-dessus de 10 francs, portant le détail du nombre d'articles rédigés et la mention de la retenue (*voir* 274).

L'indemnité de 12 centimes par article appliquée au nombre d'articles rédigés doit produire le montant à payer.

Le détail donné sur le mandat peut faire l'objet d'un état distinct non timbré qui est alors annexé au mandat à titre de renseignement.

Nota. — Le Conseil d'État (1886) ayant décidé que la rédaction des états-matrices des rôles de la taxe municipale sur les chiens serait désormais confiée aux contrôleurs des contributions directes, l'inscription au budget du crédit spécial (art. 276) devra être modifiée dans le sens de la nouvelle dépense à faire à ce titre, laquelle sera justifiée conformément aux règlements.

277. *Frais de confection des matrices, rôles et avertissements à la charge des communes.*

Comme à l'article 264.

278. *Traitement des appariteurs, agents de police, tambours, trompettes, afficheurs, etc., etc.*

Comme à l'article 262, mais il n'est pas exercé de retenue pour le service de la caisse des retraites, sur les traitements et salaires de ces agents.

279. *Traitement et frais de bureau du commissaire de police.*
Comme à l'article 264.

280. *Dépenses de police dans les villes, chefs-lieux de département ayant plus de 4,000 habitants.*
Comme à l'article 264.

281. *Traitement des gardes champêtres.*
Comme à l'article 278.

282. *Traitement, salaires des gardes forestiers.*
Comme à l'article 264.

283. *Dépenses des octrois (en régie).*

1° Personnel, comme à l'article 262;

2° Matériel, comme à l'article 263;

3° Dépenses imprévues, comme en matière de dépenses ordinaires par assimilation à celles-ci;

4° Indemnités dues à l'administration des contributions indirectes par suite d'exercice chez les débitants :

1° Décompte non timbré de l'indemnité (modèle n° 51, E) ou état non timbré des imprimés fournis (modèle n° 79, B) dûment certifié et visé par le maire;

2° Quittance à souche du receveur des contributions indirectes, frappée du timbre de 10 centimes spécial à la régie;

5° Frais de perception (ensemble); copie dûment certifiée, de la décision du ministre des finances ou du préfet du département, qui a fixé ces frais en vertu de l'article 10 de l'ordonnance royale du 9 décembre 1814, ou la mention de cette décision sur le bordereau de décembre.

Nota. — Les quittances délivrées aux receveurs municipaux par les receveurs principaux des contributions indirectes, pour le remboursement du traitement des préposés des octrois sont assujetties au timbre spécial à la régie.

Si l'octroi est géré par l'administration des contributions indirectes :

1° Quittance à souche du receveur de cette administration frappée du timbre de 10 centimes spécial à la régie;

2° Expédition en forme du traité passé entre la régie et le maire, ou une mention de référence, lorsque cette expédition a été précédemment produite.

(Pour les dépenses d'ordre, *voir* ci-après aux Services hors budgets.)

284. *Prélèvements sur les produits de l'octroi, pour frais de casernement et d'occupation des lits militaires.*

1° Extraits des décomptes, dressés par les intendants militaires et les administrations locales, certifiés par le chef de service des contributions indirectes;

2° Quittances (au timbre spécial) des receveurs des contributions indirectes;

3° S'il y a lieu, ampliation du décret qui peut avoir réglé un abonnement fixe. (Ordonn. du 5 août 1818.)

285. *Remplacement de la contribution mobilière par un prélèvement sur le produit de l'octroi.*

1° Ampliation du décret qui autorise le remplacement; 2° extrait de l'état de répartition des contributions; 3° récépissé du receveur des finances.

286. *Table décennale du* Bulletin de l'Intérieur.

Comme à l'article 266.

287. *Supplément au* Journal des Maires, Dictionnaire des formules, Dictionnaire municipal, Annuaire du département, *publications diverses, etc., etc.*

Comme à l'article 266.

Nota. — Dans certains départements, le prix de l'abonnement à l'Annuaire du département est versé à la recette des finances, en vertu d'un arrêté préfectoral. Dans ce cas, la justification est conforme à celle prévue à l'article 264.

288. *Frais des livrets des familles.*

Détail des fournitures, sur le mandat du maire, quand celles-ci ne s'élèvent pas à 10 francs; sur un mémoire timbré, pour des sommes supérieures.

289. *Contributions des biens communaux, taxes des biens de mainmorte, taxes de diverses natures à la charge des communes.*

Avertissements dressés par le directeur des contributions directes. Quittance à souche du percepteur.

Nota. — L'article 1542 de l'Instruction générale indique que les avertissements doivent être visés par le maire.

290. *Taxe italienne des biens de main-morte.*

Comme à l'article 264.

291. *Assurances des édifices communaux contre l'incendie.*

A l'appui du payement de la première prime, et dans le cas d'avenant ou de renouvellement de contrat : copie sur papier libre de la police d'assurance; quittance spéciale timbrée suivant le cas, de l'agent d'assurance.

Pour les payements subséquents, quittance spéciale de l'agent, timbrée au-dessus de 10 francs, avec indication sur le mandat du maire du numéro du compte à l'appui duquel la police a été jointe.

A l'expiration du contrat, la police d'assurance timbrée.

292. *Droits de locations verbales des biens immeubles.*

1° Extrait, certifié par le maire, de la déclaration de location;

2° Quittance à souche (timbrée au-dessus de 10 francs) du receveur de l'enregistrement ou du percepteur.

293. *Frais d'exploitation de la coupe affouagère.*

1° Copie dûment certifiée du procès-verbal d'adjudication, non timbrée à l'appui d'un premier payement, timbrée avec le compte final; à l'appui du dernier mandat de payement, certificat timbré de récolement de la coupe, délivré par l'agent forestier local, constatant que l'entrepreneur a rempli ses obligations; 2° quittances timbrées de la partie prenante.

294. *Frais d'administration des bois communaux soumis au régime.*

1° Extrait certifié par le maire, de l'état portant la fixation de la taxe à percevoir, ou avis détaillé, certifié par le maire, des droits à payer;

2° Quittance du receveur de l'enregistrement, timbrée s'il y a lieu.

295. *Droits de mutation.*

Quittance à souche du receveur de l'enregistrement, timbrée au-dessus de 10 francs.

296. *Loyer de la maison commune, prétoire de justice de paix, etc.*

Dans le cas de bail écrit, extrait non timbré, certifié par le maire, portant la mention de l'enregistrement et de l'approbation du préfet, s'il y a lieu, à l'appui de la première année; pour les acomptes subséquents, mention de référence faisant connaître l'article du compte auquel l'extrait est joint. En fin de bail, expédition timbrée de ce bail.

Dans le cas où le bail a été consenti en vertu d'une convention verbale, déclaration certifiée par le maire, faisant mention de la déclaration à l'enregistrement (*voir* art. 292).

297. *Entretien de la mairie, du prétoire, etc., etc.*

Comme à l'article 263, moins le dernier paragraphe.

Nota. — Aux termes de l'article 1009 de l'Instruction générale, les quittances données par le maire au receveur municipal, du montant des sommes allouées annuellement pour l'entretien de la mairie, sont exemptes du timbre de dimension, quand il n'y a pas de mémoires d'ouvriers et fournisseurs, et que les réparations ont été faites à une propriété communale; dans ce cas, les mandats doivent porter la mention que la dépense a été faite par voie d'entretien ou d'abonnement.

298. *Achat et entretien d'objets mobiliers.*

Comme à l'article 263.

299. *Loyer et entretien de la salle de justice de paix.*

Comme aux articles 296 et 297.

300. *Dépenses des conseils de prudhommes et des chambres consultatives des arts et manufactures* (10 thermidor an XI et 11 juin 1809).

Comme aux articles 263, 296 et 297.

301. *Chauffage de la mairie.*

Comme à l'article 263, paragraphes 1, 2 et 3.

302. *Éclairage de la mairie.*

Comme à l'article 301.

303. *Éclairage public, entretien des réverbères.*

Comme à l'article 263, paragraphes 1, 2 et 3.

304. *Entretien des horloges.*

Si la dépense est faite par voie d'abonnement annuel, mandat du maire, timbré au-dessus de 10 francs (voir *Nota*, art. 297). Dans le cas où les travaux d'entretien nécessitent des dépenses d'une certaine importance, *voir* l'article 263.

305. *Salaire du monteur des horloges.*

Comme à l'article 262.

306. *Entretien des halles, marchés, abattoirs, etc.*

307. *Entretien des aqueducs, lavoirs, fontaines, puits et mares.*

308. *Entretien des rues, pavés et chemins ruraux.*

309. *Entretien des promenades publiques, places, etc., etc.*

310. *Entretien des pompes à incendie et accessoires.*

311. *Entretien des corps de garde.*

312. *Entretien de la chambre de sûreté.*

313. *Entretien des caisses, armes et appareils de toute nature.*

Comme à l'article 263.

314. *Frais de balayage des rues, d'enlèvement des boues, neige, etc.*

Comme à l'article 263.

315. *Chauffage et éclairage du corps de garde.*

Comme aux articles 301 et 302.

316. *Frais de registres, papier, billets de garde, etc., etc.*

Comme à l'article 263.

317. *Soldes des tambours des sapeurs-pompiers.*

Comme à l'article 262.

318. *Pensions d'aliénés à la charge des communes.*

Comme à l'article 264.

319. *Contingent de la commune dans la dépense des enfants assistés, cotisations à différents titres.*

Comme à l'article 264.

320. *Subventions aux bureaux de bienfaisance, ateliers de charité et autres établissements.*

Quittance à souche timbrée des receveurs de ces établissements.

321. *Dépenses des ateliers de charité.*

Les dépenses de cette nature sont justifiées comme en matière de travaux sur les chemins vicinaux auxquelles elles sont rattachées, quand les ateliers sont ouverts sur ces chemins.

Dans le cas où les ateliers de charité sont ouverts pour des travaux autres que ceux désignés ci-dessus, certificat du maire accréditant le régisseur, état de distribution, non timbré, portant la quittance des ouvriers, des fournisseurs et du régisseur, visé par le maire (*voir* ci-dessous, art. 375).

322. *Traitement de malades et incurables indigents dans les hospices.*

Quittances à souche timbrées des receveurs d'hospices.

323. *Secours aux familles des réservistes nécessiteux.*

1° Délibération du Conseil municipal désignant nominativement les familles à secourir ;

2° État de distribution non timbré, acquitté pour ordre par le distributeur, ou à défaut, mandat individuel acquitté par l'intéressé, et non timbré.

324, *Pensions, secours, rentes aux employés municipaux, sapeurs-pompiers, veuves, etc.*

1° Pour la première fois, ampliation de l'arrêté du préfet fixant la pension ;

2° Certificat de vie timbré lorsque la quittance n'est pas donnée par le titulaire, ou que le secours est payé dans une autre commune ; s'il est fait usage du certificat hors du département, la signature du maire ou du notaire certificateur doit être légalisée par le préfet.

Pour les rentes, lors du premier payement, ampliation certifiée du titre constitutif; pour les payements subséquents, indication que l'extrait a été produit, à l'appui d'un compte précédent.

325. *Entretien des chemins vicinaux (centimes et prestations).*

Pour les travaux exécutés par les prestataires : 1° extrait du rôle des prestations en nature émargé, arrêté par l'agent voyer cantonal, visé par l'agent voyer principal, dûment certifié par le maire ; 2° quittance à souche du receveur pour le montant des journées en nature évaluées en argent.

Pour les travaux payés en argent, les mêmes justifications que pour les travaux de construction, réparations et entretien, avec la réserve toutefois que toutes les justifications produites doivent être visées par l'administration des chemins vicinaux. (*Voir* ci-après les articles spéciaux aux constructions, etc., etc.)

326. *Contingents pour les chemins d'intérêt commun.*

327. *Contingents pour les chemins de grande communication.*

328. *Frais de confection des rôles et matrices des prestations, frais de livrets, etc.*

Comme à l'article 264.

329. *Salaire des cantonniers (service vicinal).*

Mandat portant décompte arrêté par l'agent voyer cantonal, visé par l'agent voyer principal, certifié par le maire.

(*Voir* l'article 330.)

330. *Salaire des cantonniers (chemins ruraux).*

Pour les salaires fixes, comme à l'article 262.

Pour les salaires décomptés au jour le jour, mémoire timbré portant décompte sauf les exceptions ci-après :

Les quittances des salaires tombent sous l'application de la loi sur le timbre, en tant que la somme payée est supérieure à 10 francs. Mais l'impôt n'est pas dû lorsque, par application des règlements, les ouvriers et autres salariés ne souscrivent pas de quittance à l'appui du payement. Il n'est pas dû non plus, pour l'acquit apposé sur les mandats collectifs de salaires délivrés au nom des agents chargés, par la nature de leurs fonctions, de la répartition entre les ouvriers de la somme ordonnancée (*voir* 173 et 174).

Dans les services régis par économie, les quittances données par les régisseurs sur les mandats d'avances sont exemptes de timbre, mais les acquits des créanciers réels, donnés sur les pièces à l'appui desdits mandats, sont soumis au timbre (C. P., 14 avril 1872).

331. *Achat de cailloux pour l'empierrement des chemins vicinaux et ruraux.*

Comme à l'article 263. De plus, les pièces justificatives doivent être visées et approuvées par les agents des chemins vicinaux, pour les dépenses afférentes à leur service.

332. *Traitement des instituteurs et institutrices.*

1° Déclarations de versements du trésorier général (*voir* art. 224).

2° Comme à l'article 264.

Nota. — Le traitement des instituteurs et institutrices se compose des éléments suivants : 1° produit des centimes spéciaux et extraordinaires; 2° prélèvement, selon le cas, sur les revenus ordinaires de la commune; 3° produit des fondations, legs, donations, etc., etc.; 4° subvention de l'État.

La centralisation des fonds a lieu en vertu d'un arrêté du préfet, et s'opère soit par les prélèvements, à titre de cotisations, du montant des centimes spécialement affecté à l'instruction primaire, du cinquième des revenus ordinaires (art. 3 de la loi du 16 juin 1881), et du produit des fondations, dons, legs, etc., etc., soit par le versement des subventions accordées par l'État.

La centralisation des fonds provenant des ressources indiquées ci-dessus sous les numéros 1, 2 et 3 s'effectue comme il est dit à l'article 264; quant aux fonds provenant de subventions, les comptables, à la réception des déclarations de recettes du trésorier général dont il a été parlé à l'article 224, en font simultanément recette et dépense et justifient cette double opération par la production de la déclaration souscrite par le trésorier général.

Ainsi qu'il a déjà été dit à l'article 224, il y a lieu de produire une déclaration distincte pour chaque juridiction quand le même comptable est en même temps justiciable de la Cour des comptes et du Conseil de préfecture.

Les quittances à souche délivrées par les comptables ne sont pas jointes aux déclarations qu'elles concernent, mais elles sont adressées au trésorier général par la voie hiérarchique.

333. *Traitement de la directrice de la salle d'asile.*

Comme à l'article 262.

334. *Logement des instituteurs et institutrices.*

335. *Location des maisons d'écoles.*

Comme à l'article 296.

336. *Entretien des maisons d'école.*

Comme à l'article 297.

336 bis. *Entretien du mobilier des classes.*

Comme à l'article 297.

337. *Chauffage et éclairage des classes.*

Comme aux articles 301 et 302.

338. *Fournitures de classes aux élèves indigents.*

État timbré, donnant le détail par nature des fournitures faites, ainsi que les noms des élèves ayant pris part à la distribution, certifié par le fournisseur réel et établi dans la forme ordinaire.

Dans le cas où le mémoire ne présenterait pas les noms des élèves, il y a lieu de produire un état de distribution certifié par l'instituteur et visé par le maire.

Si l'allocation est faite au titre d'indemnité, comme à l'article 297.

339. *Indemnité pour le cours d'adultes.*

Mandat individuel, timbré au-dessus de 10 francs, faisant connaître la période d'exercice à laquelle la dépense est appliquée.

339 bis. *Logement du président des assises.*

Comme à l'article 296.

340. *Logement des ministres du culte.*

Comme à l'article 296; à moins que pour des motifs de convenance personnelle le crédit ne soit considéré comme une indemnité de logement, auquel cas il suffit de produire le mandat du maire timbré à 10 centimes, en ayant soin de faire ressortir dans la colonne *Observations* qu'il s'agit d'une indemnité amiablement consentie.

341. *Traitement des vicaires, indemnités de binage.*

Mandat du maire, timbré s'il y a lieu; certificat d'identité délivré par l'autorité diocésaine et certificat de résidence délivré par le maire, visé par le sous-préfet.

342. *Supplément de traitement aux ministres du culte.*

Comme à l'article 341, à moins qu'il n'y ait lieu de considérer ce supplément comme une indemnité; dans ce cas, *voir* art. 340.

343. *Réparations des églises, presbytères.*

Comme à l'article 263, ou suivant le cas, comme il sera dit ultérieurement aux articles : réparations, constructions, art. 374, etc.

344. *Subventions à la Fabrique, aux Consistoires, etc., etc.*

Lorsque les subventions de l'espèce sont inscrites au budget ordinaire, il suffit du mandat du maire, quittancé par le trésorier de la Fabrique, timbré au-dessus de 10 francs. Dans le cas où ces subventions sont accordées à titre éventuel et extraordinaire, il y a lieu de produire, en outre, les copies des budgets et des comptes de la Fabrique, ou de justifier que ces pièces ont été précédemment produites à l'appui d'un compte.

344 bis. *Subventions aux sociétés de secours mutuels, musique, etc.*

Quittance des receveurs ou trésoriers, timbrée suivant le cas.

344 ter. *Frais de sépulture et d'inhumations d'indigents.*

Mémoires timbrés et, suivant le cas, *voir* art. 243.

345. *Entretien des cimetières, chapelles mortuaires et dépositoires.*

Comme à l'article 297.

346. *Traitement de la maîtresse des travaux à l'aiguille.*

Comme aux articles 262 et 332 (*voir* 348).

347. *Suppléments de traitements à divers.*

Mêmes justifications que pour les traitements principaux.

348. *Suppléments de traitements aux instituteurs, etc.*

Les suppléments de l'espèce sont englobés dans le traitement fixe et sont assujettis aux mêmes règlements (*voir* art. 332).

349. *Achat de livres pour la bibliothèque scolaire.*

Mémoire approuvé donnant le détail des volumes achetés avec indication du numéro de l'inventaire ou du catalogue sous lequel ils ont été inscrits. Pour les dépenses au-dessus de 300 francs, *voir* l'art. 263.

350. *Subvention à la bibliothèque pédagogique.*

Mandat (timbré suivant le cas) acquitté par le trésorier.

351. *Subvention à la caisse des écoles.*

Comme à l'article 350.

352. *Frais d'établissement et de conservation des plans d'alignement et de nivellement.*

Toutes les entreprises pour fournitures au nom des communes et établissements publics sont faites avec concurrence et publicité, sauf les exceptions prévues par l'article 1022 de l'Instruction générale.

Les travaux de l'espèce pouvant être classés dans la catégorie d'exception prévue par l'article précité, il y a lieu de se référer à l'article 263 qui précède, en tenant compte des prescriptions de l'article 1022 de l'Instruction générale.

353. *Fêtes publiques.*

Comme à l'article 263.

354. *Dépenses imprévues.*

Il ne peut être imputé sur ce crédit que des dépenses ayant un caractère d'urgence absolue (Divers arrêts de la Cour des comptes). Les receveurs sont fondés à refuser le payement de dépenses imputées sur ce crédit, lorsqu'elles n'ont pas ce caractère essentiel.

Ainsi, on ne saurait imputer sur ce crédit : les dépenses d'un autre exercice, les dépenses rejetées du budget par l'autorité préfectorale, enfin tous les payements ayant pour objet des secours, indemnités, gratifications et, en général, les dépenses qui n'entrent pas dans la classe de celles qui s'effectuent habituellement en vertu de lois et règlements généraux (Instr. gén., art. 819). La loi du 5 avril 1884 a levé l'obligation de faire approuver par l'autorité préfectorale les dépenses de l'espèce : quant aux justifications, elles sont déterminées par la nature même de ces dépenses, soit par application directe, soit par assimilation à d'autres dépenses prévues dans la nomenclature.

355. *Traitement de l'architecte de la ville.*

Dans le cas d'allocation fixe annuelle, mêmes justifications qu'à l'article 262.

Si, au contraire, l'architecte est payé à raison des travaux dont il a rédigé les plans et devis et qu'il a fait exécuter lui-même, il y a lieu d'imputer la dépense sur les crédits ouverts pour l'exécution des travaux eux-mêmes : à cet effet, à l'appui du mandat du maire, il y a lieu de produire un décompte sur timbre, faisant connaître le montant des travaux exécutés et la somme due par application du tarif; le mémoire est complété en la forme ordinaire.

356. *Honoraires des notaires, huissiers, greffiers de justice de paix, avoués et experts.* (Instr. gén., art. 980.)

État détaillé et timbré des frais exposés taxé par le président de tribunal ou par le juge de paix pour les greffiers de paix, approuvé par le maire.

357. *Honoraires d'avocats.*

Mémoire timbré des affaires traitées et des frais de plaidoiries arrêté par le maire : en cas de désaccord, le mémoire doit être taxé par le conseil de discipline de l'ordre, ou visé par un jugement qui détermine les honoraires.

358. *Provisions à un avocat ou à un homme d'affaires.*

État timbré portant détail des avances faites, certifié par le maire; le montant des provisions doit être déduit lors du règlement définitif des honoraires.

Les provisions de l'espèce peuvent aussi être portées au compte avances pour frais de procédure. Dans ce cas, le compte est crédité lors du payement de l'état définitif dûment taxé et approuvé.

359. *Frais de purge d'hypothèques légales.*

État de frais timbré, taxé s'il y a lieu, et approuvé par le maire.

360. *Indemnité au médecin-vaccinateur.*

Mandat, timbré au-dessus de 10 francs.

361. *Frais de médecine gratuite.*

Comme à l'article 264.

362. *Traitement du médecin communal, etc., etc.*

Comme à l'article 360.

363. *Frais de médicaments, etc., etc.*

Comme à l'article 263.

364. *Frais de bureau des receveurs municipaux.*

État détaillé non timbré, des frais excédant le quart du traitement fixe, expédition de la délibération du Conseil municipal ou, en cas de contestation, décision du préfet, sur l'avis du trésorier général, réglant ces frais; ou décision du ministre de l'intérieur dans

le cas de recours; extrait de l'arrêté préfectoral fixant le traitement du receveur municipal.

Les allocations de l'espèce sont exemptes de la retenue pour le service des pensions civiles.

364 bis. *Frais d'élections.*

Suivant le cas, comme à l'article 264, ou mémoire T, certifié par le maire, quittancé par le fournisseur réel.

365. *Primes pour la destruction d'animaux nuisibles.*

Quittance T au-dessus de 10 francs; certificat du maire constatant la destruction des animaux nuisibles.

365 bis. *Frais de transcriptions et d'inscriptions hypothécaires.*

État des salaires et des frais, certifié par le conservateur des hypothèques, visé par le maire. Les états de l'espèce sont considérés comme des documents administratifs d'ordre intérieur et sont établis sur papier libre.

Le droit du timbre quittance à 10 centimes n'est exigible que dans le cas où le montant des salaires dus au conservateur est supérieur à 10 francs.

366. *Timbre des obligations communales par abonnement.*

Quittance sur papier libre du receveur de l'enregistrement, timbrée à 25 centimes quand elle est délivrée pour une somme supérieure à 10 francs.

367. *Frais de fabrication de médailles, jetons, pièces, etc., etc.*

Mémoire timbré du directeur de la Monnaie, arrêté par le maire.

Ce mémoire doit porter l'indication des frais de fabrication des diverses médailles, pièces, jetons, etc. Pour les médailles d'or, d'argent et de platine, le titre, le poids et le nombre devront être donnés; pour les médailles de bronze, cuivre et nickel il suffira d'indiquer le nombre et le module.

368. *Vacations pour le service de la garantie.*

État non timbré et quittance timbrée, suivant le cas, de l'agent du trésor qui a perçu l'indemnité.

369. *Frais de bourses communales dans les écoles du gouvernement.*

Comme à l'article 264. De plus, le récépissé doit être timbré.

370. *Taxations du trésorier général sur le produit des coupes extraordinaires des bois et remises du receveur central de la Seine sur le produit de l'octroi de banlieue.*

Extrait du décompte certifié par le comptable intéressé et visé par le préfet; quittance timbrée au-dessus de 10 francs.

Les mandats doivent porter la mention des retenues pour le service des pensions civiles.

371. *Remboursement d'emprunts.*

Il y a lieu de distinguer entre les emprunts contractés avec l'État, la Caisse des dépôts, le Crédit foncier, etc., etc., et ceux contractés avec les particuliers.

Remboursements d'emprunts à la Caisse des dépôts.

Dans les emprunts à la Caisse des dépôts, les remboursements comprennent l'amortissement du capital et les intérêts suivant un tableau arrêté préalablement, et sont justifiés par la production : 1° des obligations ou coupons d'intérêts T, et quittancés au dos (la quittance n'est pas assujettie au droit de timbre à 10 centimes); 2° du récépissé à talon du caissier général, visé au contrôle, et timbre à 25 centimes pour les sommes supérieures à 10 francs, constatant le payement des intérêts d'emprunt et du capital, et s'il y a lieu, les intérêts de retard.

La quittance par duplicata donnée par le caissier au pied des mandats est soumise au timbre à moins que le récépissé timbré n'y reste joint.

Les acomptes sur valeurs souscrites ou sur prêts en compte courant sont justifiées par des quittances spéciales timbrées à 25 centimes.

Les mandats de payement des ordonnateurs, à moins qu'ils ne concernent uniquement des intérêts de retard payés isolément, ne sont pas acquittés par le caissier général de la Caisse des dépôts et consignations; ils sont délivrés au nom du receveur municipal et acquittés par lui, pour ordre.

Le récépissé de la caisse ne constitue pas un véritable duplicata de l'acquit inscrit sur le billet : il complète cette première quittance, laquelle ne serait pas suffisante par elle-même.

Nota. — Pour arriver à opérer le remboursement des annuités à la Caisse des dépôts et consignations, les comptables doivent verser les fonds à la Caisse de leur receveur des finances, qui leur délivre en échange un mandat sur le caissier-payeur central du Trésor public, à l'ordre du caissier général de la Caisse des dépôts et consignations. Les frais du mandat (soit 5 centimes par 100 francs et par fraction de 100 francs) sont à la charge de la commune.

Les comptables adressent ce mandat avec un timbre à 25 centimes, au caissier général de la Caisse des dépôts et consignations, sous le couvert du directeur général; celui-ci leur adresse en échange l'effet et le coupon d'intérêts souscrits par la commune, ainsi que le récépissé comptable de la Caisse des dépôts et consignations; le mandat du maire est acquitté comme il est dit ci-dessus.

Remboursements d'emprunts à la Caisse des chemins vicinaux.

Pour les emprunts à la Caisse des chemins vicinaux, il y a lieu de produire le récépissé timbré du receveur des finances constatant le versement fait à sa caisse de l'annuité et des intérêts de retards, s'il y a lieu.

Remboursement d'emprunts à la Caisse des écoles.

Il est justifié des remboursements d'emprunts à la Caisse des écoles, comme de ceux effectués à la Caisse des chemins vicinaux.

Remboursement d'emprunts au Crédit foncier.

Les remboursements d'annuités d'emprunts contractés au Crédit foncier, sont justifiés par le reçu timbré de la Société, acquitté par le comptable chargé de l'encaissement. Dans le cas où le payement du semestre d'annuité est fait entre les mains du receveur des finances, le versement du terme doit être effectué vingt jours au moins avant l'échéance.

Remboursement d'emprunts aux particuliers sur obligations notariées.

Les remboursements d'emprunts contractés envers des particuliers, en vertu d'obligations notariées, sont justifiés par la production de l'expédition sur papier libre de l'obligation à l'appui d'un premier payement. Dans ce cas, les comptables doivent mentionner que la grosse en due forme sera jointe à l'appui du remboursement du dernier terme.

Les versements intermédiaires doivent être accompagnés d'une note de référence au premier payement.

L'obligation elle-même est jointe à l'appui du remboursement du dernier terme.

Emprunt par souscription publique ou par adjudication.

Pour les obligations au porteur, le remboursement est fait au porteur sur la simple remise des obligations préalablement acquittées au dos et timbrées. Ces obligations sont immédiatement frappées du timbre : *annulé*, ainsi que les coupons non échus. De plus, les comptables devront justifier cette dépense par la production de la copie du procès-verbal de tirage des obligations à rembourser et d'un bordereau portant quittance.

La quittance donnée au dos de chaque obligation remboursée est assujettie au timbre à 10 centimes.

Lorsque le titre est nominatif, la libération de la commune résulte de la quittance de l'ayant droit apposée au dos du titre. Dans ce cas, la quittance est de rigueur; les receveurs municipaux sont fondés à l'exiger, soit qu'elle soit donnée au dos du titre, soit qu'elle soit donnée par acte notarié, si la partie prenante est illettrée (C. P., 14 août 1862).

La production des titres de créance justifiant la dépense n'exclut pas celle du mandat du maire qui doit accompagner chaque dépense; dans ce cas, ce mandat est établi pour la régularité des écritures, et peut être collectif pour le montant des obligations remboursées (*voir* le dernier alinéa de l'art. 372).

372. *Paiements des intérêts.*

Pour les emprunts aux Caisses des chemins vicinaux, des écoles, des dépôts et consignations et du Crédit foncier, le service des intérêts étant lié au service de l'amortissement par annuités, il n'y a pas lieu de produire de justifications particulières autres que celles indiquées plus haut, article 371.

Le payement d'intérêts fait aux créanciers des communes, en vertu d'obligations notariées, est justifié par la quittance timbrée des ayants droit, accompagnée d'un décompte de la créance, avec indication de la date de la réalisation de l'emprunt, du taux de l'intérêt, des remboursements effectués sur le capital primitif, de celui sur lequel les intérêts sont calculés et enfin de l'échéance des intérêts.

Le payement d'intérêts d'obligations à souche au porteur ou nominatives est effectué en échange des coupons d'intérêts échus détachés de ces obligations, accompagnés d'un bordereau collectif acquitté par la partie prenante. Le mandat du maire est dans l'espèce une simple pièce d'ordre. (*Voir* le second et le dernier alinéa de l'article 371.)

Tout coupon d'une obligation sortie au tirage est frappé de déchéance s'il se rapporte à une échéance postérieure au tirage ; les comptables doivent donc veiller, sous leur responsabilité personnelle, à ne pas rembourser d'obligations démunies des coupons aux échéances postérieures au tirage. Ils doivent veiller également à ne pas acquitter de coupons d'obligations sorties au tirage et se rapportant à des échéances postérieures à ce tirage.

Dans le cas où il leur serait présenté des obligations démunies de coupons non échus, ils devraient exiger le versement intégral du montant de ces coupons ou, à défaut, ne passer outre au remboursement de l'obligation, qu'après en avoir déduit le montant intégral des coupons absents, et avoir mentionné cette opération d'une manière très explicite au dos de l'obligation remboursée.

373. *Frais d'administration des bois communaux soumis au régime forestier.*

Quittance à souche (timbrée au-dessus de 10 francs) du receveur de l'enregistrement présentant le décompte des droits.

État certifié par le maire, faisant connaître le montant brut de l'adjudication de la coupe de bois ou d'affouage assujettie à la taxe.

Nota. — Cette taxe est calculée à raison du 20e ou du 5 pour 100 du montant brut du prix de vente.

374. *Constructions et travaux neufs. Entretiens, réparations, reconstructions et appropriations.*

Toutes les entreprises pour travaux ou fournitures, à faire pour le compte des communes et établissements publics sont faites avec concurrence et publicité, sauf les exceptions ci-après. (*Voir* art. 263; Instr. gén., art. 1021.)

Les administrations locales peuvent faire exécuter sur les crédits ouverts à leurs budgets et sans être obligés de demander l'approbation du préfet, ni de recourir à la voie de l'adjudication, les travaux de réparation ordinaire et de simple entretien et les fournitures dont la dépense n'excède pas 300 francs.

Les sous-préfets approuvent les travaux ordinaires et de simple entretien des bâtiments communaux dont la dépense n'excède pas 1,000 francs, et dans la limite des crédits ouverts au budget (loi du 13 avril 1861).

Il peut être traité de gré à gré, sauf approbation du préfet, pour les travaux dont la valeur n'excède pas 3,000 francs. Il peut également être traité de gré à gré, à quelque somme que s'élèvent les travaux, dans les cas énumérés à l'article 1022 de l'Instruction générale.

Travaux et fournitures par voie d'économie.

Pour les dépenses de 300 à 1,000 francs : 1° autorisation du sous-préfet; 2° mémoire timbré certifié, accepté après règlement s'il a été réglé et approuvé par le maire.

Dans le cas de soumission, il y a lieu d'annexer aux pièces qui précèdent la soumission timbrée de l'entrepreneur, acceptée par le maire, visée par le sous-préfet, et enregistrée.

Le mémoire timbré peut, suivant le cas, être remplacé par un état timbré des fournitures faites ou travaux exécutés, arrêté par le maire. Cet état doit donner les noms des ouvriers et fournisseurs, le nombre des journées ou des tâches, le lieu des travaux, les dates de l'exécution de ces travaux, le prix de l'unité et le montant à payer, enfin, il doit être revêtu de la signature pour acquit de chacun des ayants droit, timbré pour les sommes supérieures à 10 francs; si la partie prenante est illettrée, le payement sera constaté par deux témoins et les signatures certifiées par le comptable, en la forme ordinaire, jusqu'à concurrence de 150 francs.

Lorsqu'il est payé un acompte sur un mémoire, le mémoire régulier doit être produit à l'appui du premier payement; pour les payements subséquents il sera référé au premier payement par une mention spéciale.

375. *Travaux et fournitures en régie.*

1° Ampliation de la décision du préfet qui a nommé le régisseur et réglé les conditions des avances et de la justification d'emploi des fonds avancés.

Dans aucun cas le maximum des avances ne doit excéder 20,000 francs, ni le délai dépasser un mois.

2° Mandat d'avances quittancé par le régisseur, et engagement écrit de ce dernier de rapporter les justifications dans le délai prescrit;

3° Relevé des payements certifié par le régisseur (lorsque la dépense est justifiée par plusieurs pièces), appuyé des rôles de journées dûment quittancés et timbrés, quand ils comprennent des sommes excédant 10 francs; toutefois, sur l'attestation du régisseur le droit de timbre à 10 centimes n'est pas exigible lorsqu'il s'applique à des salaires supérieurs à 10 francs dus à des ouvriers indigents.

Pour les fournitures faites, mémoires timbrés dûment certifiés et visés. (*Voir* art. 263, premier alinéa.)

376. *Travaux, fournitures à l'entreprise, par adjudication publique.*

A l'appui du premier acompte :

1° Décision approbative des travaux, suivant le cas, délibération du Conseil municipal approuvée, arrêté du sous-préfet, arrêté du préfet;

2° Extrait ou expédition non T du procès-verbal d'adjudication publique, portant mention de l'approbation et de l'enregistrement;

3° Justification, s'il y a lieu, de la réalisation du cautionnement;

4° Copie du cahier des charges, exempte de l'enregistrement, mais approuvée par l'autorité supérieure (C. P., 9 mars 1875);

5° Copie du devis estimatif ou bordereau de prix.

La soumission tient lieu de cette pièce;

6° Certificat d'avancement des travaux dressé par l'architecte ou le surveillant des travaux, faisant ressortir la somme à payer (timbré).

Dans le cas de fournitures : décompte des travaux timbré, certifié par l'entrepreneur et accepté par lui après règlement, s'il y a lieu, arrêté par le maire.

Il n'est pas exigé de décompte lorsqu'il y a eu forfait.

A l'appui des payements subséquents il suffit d'indiquer par une mention de référence que les pièces réglementaires sont jointes à l'appui du premier payement (faire connaître le numéro et la date du compte) et de joindre un certificat délivré par l'architecte, constatant l'avancement des travaux, les acomptes payés précédemment et la somme à payer, ou, suivant le cas, un décompte comme il est dit ci-dessus au paragraphe 6. Ce décompte et ce certificat doivent toujours être établis sur timbre.

A l'appui du payement fait après achèvement des travaux ou fournitures :

1° Expédition en due forme du procès-verbal d'adjudication (*voir* ci-dessus) ;

2° Cahier des charges ou devis estimatif et série de prix (timbré) ;

3° Certificat d'avancement T de l'architecte ou décompte T ;

4° Procès-verbal de réception définitive ou certificat administratif, s'il y a lieu.

Lorsque, après procès-verbal de réception définitive, les payements doivent être faits en plusieurs années, décompte de la dépense (mod. 317).

377. *Acquisition d'immeubles, échanges amiables, terrains non bâtis et non clos de murs.*

Payements à des personnes capables.

1° Ampliation de l'arrêté, décret ou loi qui a autorisé l'acquisition ou l'échange, si la dépense totalisée avec celle des autres acquisitions déjà votées dans le même exercice dépasse le dixième des revenus ordinaires de la commune.

Délibération du Conseil municipal, approuvée par le préfet dans le cas seulement de désaccord entre le Conseil et le maire, si la dépense totalisée avec celles des autres acquisitions déjà votées dans le même exercice, ne dépasse pas le dixième des revenus ordinaires de la commune.

2° Copie certifiée du contrat notarié ou administratif, timbrée lorsqu'elle est produite avec le compte final, non timbrée dans le cas de justification provisoire; ladite copie doit porter la mention de l'enregistrement et de la transcription et faire connaître très exactement l'origine de la propriété et la preuve faite par le vendeur des titres qui établissent sa possession.

3° Certificat timbré négatif, délivré après transcription par le conservateur des hypothèques, relatant expressément qu'il s'applique aux mentions et transcriptions désignées dans les articles 1 et 2 de la loi du 23 mars 1855, ainsi qu'aux transcriptions de saisies, donations ou de substitutions;

Ou état timbré des inscriptions et, en outre, état desdites mentions et transcriptions.

Nota. — Si le certificat ne remonte pas au delà de dix ans, il doit déclarer qu'il n'existe pas au delà de ces dix années d'inscriptions hypothécaires prises au profit du Crédit foncier. (Art. 47 du décret du 28 février 1858.)

Les inscriptions dont la non-existence ou la radiation doit être justifiée, sont exclusivement celles qui intéressent les tiers, c'est-à-dire celles dont l'immeuble pourrait être grevé du chef du vendeur ou des précédents propriétaires. L'inscription prise par le vendeur doit être considérée comme non avenue, attendu que le fait de la libération de la commune la frappe virtuellement d'annulation.

4° Dans le cas où ledit certificat ou état ne serait pas délivré quarante-cinq jours au moins après l'acte d'acquisition, et si d'ailleurs il ne résulte pas des énonciations mêmes de l'acte que la propriété appartenait depuis plus de quarante-cinq jours avant la transcription à ceux de qui la commune acquiert, il y a lieu de produire un certificat timbré du conservateur des hypothèques délivré à l'expiration du délai précité, constatant qu'il n'a pas été pris d'inscription en vertu de l'article 6 de la loi du 3 mai 1855, ou, s'il y a lieu, état timbré de ces inscriptions.

Les comptables doivent s'assurer de la véracité des faits, et dépasseraient la limite de leurs attributions en demandant des pièces ou en refusant le payement, s'il ne résulte pas des énonciations mêmes de l'acte que la propriété appartenait au vendeur depuis plus de quarante-cinq jours.

378. *Dans le cas où il existerait des inscriptions hypothécaires, si* *le montant du prix n'est pas versé à la Caisse des dépôts et consignations.*

1° Certificat timbré du conservateur des hypothèques constatant la radiation, ou à défaut, quittance notariée portant mainlevée des inscriptions ;

2° Décompte en principal et intérêts du prix d'acquisition ;

3° Justification de la purge des hypothèques légales et autres.

379. *Purge des hypothèques légales.*

Ces justifications sont les suivantes :

1° Certificat timbré du greffier du tribunal, constatant le dépôt de l'acte de vente après la transcription, et son affichage au greffe pendant deux mois ;

2° Exploit T de notification de ce dépôt au procureur de la République et aux parties désignées à l'article 2194 du Code civil, visé par le procureur et enregistré ;

3° Exemplaire du journal ou de la feuille d'annonces judiciaires, dans lequel a été inséré l'exploit de notification, certifié par l'imprimeur ou gérant, ladite signature légalisée par le maire ;

4° Certificat T du conservateur des hypothèques constatant que depuis la transcription jusqu'à l'expiration du délai de deux mois à dater de l'insertion de l'exploit dans la feuille d'annonces, il n'a été pris aucune inscription sur l'immeuble vendu, ou, s'il y a lieu, état des inscriptions.

Ce certificat doit remonter jusqu'à la date de celui qui a été délivré sur la transcription ; il ne doit exister aucune lacune entre ces deux certificats.

380. *Dans le cas où il existerait des inscriptions, si le montant du prix n'est pas versé à la Caisse des dépôts et consignations.*

1° Certificat timbré de radiation desdites inscriptions, délivré par le conservateur des hypothèques, ou quittance notariée portant mainlevée.

Le maire de la commune, autorisé à cet effet par délibération du Conseil municipal approuvée, peut se dispenser de remplir les formalités de la purge des hypothèques inscrites et non inscrites pour les acquisitions d'immeubles faites de gré à gré et dont le prix n'excède pas 500 francs (décret du 14 juillet 1866). Dans ce cas, les actes d'acquisition doivent faire mention de cette circonstance et indiquer en outre qu'en vertu de cette délibération il n'y a pas lieu à transcription (*voir* art. 384 et 389).

Il n'y a pas lieu de procéder à la purge des hypothèques, en cas d'acquisition sur saisie immobilière et lorsqu'il s'agit d'immeubles vendus par l'État. Il n'y a pas lieu non plus de procéder à la purge des hypothèques légales des immeubles vendus par des départements, des communes et des établissements publics, sauf le cas exceptionnel où l'immeuble récemment acquis par ces derniers pourrait être grevé du chef des précédents vendeurs.

381. *Si le montant du prix d'acquisition est versé à la Caisse des dépôts et consignations par suite d'oppositions, inscriptions hypothécaires ou autres obstacles.*

1° Ampliation de l'arrêté du maire ordonnant la consignation. Cet arrêté doit être motivé et, dans le cas où il s'appliquerait à une inscription hypothécaire, il doit viser les dates de la délivrance des états d'inscriptions;

2° Récépissé timbré du préposé de la Caisse des dépôts et consignations.

De plus, toutes les pièces indiquées ci-dessus à l'exception du certificat T négatif, art. 377, n° 3 et art. 378, n° 4.

382. *Immeubles appartenant à des mineurs interdits, absents ou incapables* (1).

Comme à l'article 377 et, de plus :

1° Expédition T du jugement qui a autorisé la vente.

L'autorisation judiciaire devient inutile si elle est rappelée dans le contrat d'acquisition en même temps que les mesures de conservation et de remploi jugées utiles par le jugement;

2° Justification du remploi du prix de vente dans le cas où cette mesure est prescrite par le jugement et où l'acquéreur en est responsable.

(1) Le tuteur de mineur, même le père et la mère, ne peut toucher ce qui revient à ce mineur, pour une cession de terrain, sans y avoir été autorisé par une délibération du Conseil de famille, homologuée par le tribunal civil ou par délibération de ce tribunal, s'il s'agit de ventes pour cause d'utilité publique. Le mineur émancipé ne peut toucher le prix de vente d'un immeuble sans l'assistance de son curateur, qui donne quittance, concurremment avec lui, et qu'après justification de l'accomplissement des formalités qui précèdent. Les interdits sont assimilés aux mineurs pour leurs personnes et pour leurs biens; les dispositions de l'article 457 du Code civil leur sont applicables.

383. *Immeubles faisant partie de majorats.*

Comme à l'article 377, et de plus :

1° Décret autorisant l'annulation ;

2° Justification du remploi lorsqu'il est ordonné.

384. *Immeubles appartenant à des femmes mariées.*

Comme à l'article 377 et, de plus :

1° Extrait *parte in qua* du contrat de mariage, délivré par le notaire, faisant connaître le régime adopté et les dispositions relatives au remploi et portant la mention que les clauses relatives au régime et au remploi sont toutes reproduites et que le contrat ne renferme rien de contraire.

Lorsque le prix de vente en principal est inférieur à 150 francs, et alors même que les femmes seraient mariées sous le régime dotal, la production du contrat de mariage n'est pas requise et le payement peut être fait valablement sans qu'il y ait lieu de justifier du remploi.

Aux termes de la circulaire de la comptabilité publique, paragraphe 4 du 13 mars 1877, les mêmes dispenses sont applicables aux dépenses du Trésor jusqu'à concurrence de la somme de 500 francs. Ces dispositions peuvent par extension s'appliquer aux dépenses communales, mais il n'existe aucun règlement, arrêté ou arrêt qui consacre cette assimilation.

385. *Lorsque le contrat de mariage ne permet pas l'aliénation et qu'il y a lieu d'avoir recours à un jugement du tribunal* (*voir* art. 299).

1° Expédition T du jugement autorisant la vente ;

2° Justification du remploi dans le cas où il est prescrit et où l'acquéreur est responsable.

Les comptables doivent veiller à ce que le remploi soit fait conformément aux termes du contrat et ne peuvent payer que lorsqu'il a été justifié des conditions du remploi.

Le mandat doit être acquitté par la femme et le mari ou, à défaut de l'acquit du mari, appuyé de l'autorisation donnée par le tribunal.

La femme séparée de biens et le mari, sous le régime de la communauté, peuvent isolément donner quittance régulière.

386. *S'il n'a pas été fait de contrat de mariage.*

Expédition T dûment certifiée et légalisée de l'acte de mariage.

Lorsque le mariage est antérieur à 1851, l'acte de l'état civil n'énonçant pas l'absence du contrat, il y a lieu de produire avec cet acte, un certificat de l'officier ministériel ou du fonctionnaire qui a passé la vente, dressé sur la déclaration des époux et l'attestation de deux témoins constatant qu'ils se trouvent mariés sous le régime de la communauté légale de biens, n'ayant pas fait précéder d'un contrat leur mariage célébré à..., le...

387. *Immeubles appartenant à des départements, des communes ou des établissements publics.*

Comme à l'article 377, à l'exception des pièces relatives à la purge des hypothèques légales, lorsque les immeubles vendus ne sont pas grevés du chef des précédents propriétaires.

Et, de plus : délibération approuvée du Conseil général, du Conseil municipal ou de la commission administrative portant autorisation de vendre.

388. *Acquisition d'immeubles par application de la loi du* 3 *mai* 1841 *sur l'expropriation pour cause d'utilité publique.*

Immeubles appartenant à des personnes capables (*non bâtis ni clos de murs*) :

1° Arrêté du préfet relatant la date du décret qui a déclaré l'utilité publique et déterminant les propriétés auxquelles l'expropriation est applicable (art. 3 à 12 de la loi du 3 mai 1841).

2° Ampliation de l'acte qui a autorisé l'acquisition, savoir :

Délibération du Conseil municipal, approuvée par le préfet, dans le cas seulement de désaccord entre le Conseil municipal et le maire, si la dépense totalisée avec celle des autres acquisitions déjà votées dans le même exercice ne dépasse pas le dixième des revenus ordinaires de la commune. (Loi du 24 juillet 1867, art. 1 et 6.)

Si la dépense excède le dixième, il y a lieu de remplacer la délibération du Conseil par une ampliation de l'arrêté pris par le préfet en Conseil de préfecture, autorisant l'acquisition. (Loi du 18 juillet 1837.)

3° Expédition ou extrait de l'acte de vente, non timbré à l'appui d'un payement d'acompte, timbré à l'appui du payement final; cette expédition ou extrait doit porter la mention de l'enregistrement et de la transcription et constater que le vendeur a produit les titres qui établissent sa possession.

Nota. — Les portions contiguës appartenant à un même propriétaire doivent faire l'objet d'un seul acte de vente.

Si les parcelles vendues ne sont pas inscrites sur la matrice cadastrale aux noms du vendeur, le contrat doit indiquer comment ces parcelles sont devenues sa propriété.

Si les indications portées sur la matrice cadastrale, sont inexactes ou incomplètes, le vendeur doit prouver l'erreur par la production d'un bail, d'un acte de vente, d'un partage ou acte authentique, ou à défaut par un certificat du maire, délivré sur la déclaration de deux témoins au moins. Ces justifications seront énoncées au contrat.

4° Copie ou extrait de la décision du jury, suivie de l'ordonnance d'exécution rendue par le magistrat directeur, portant fixation de l'indemnité d'expropriation et, s'il y a lieu, répartition des dépens.

5° Certificat du maire constatant que, préalablement à la transcription, l'acte de vente a été publié et affiché conformément à l'article 15 de la loi du 3 mai 1841, et indiquant la date de l'accomplissement de ces formalités.

6° Exemplaire certifié par le maire, la signature de ce dernier légalisée, du journal ou de la publication où l'insertion a été faite (*voir* art. 379).

Les formalités de publication et d'insertion doivent toujours précéder la transcription à peine de nullité.

7° Certificat du maire délivré au moins huit jours après les affiches et publications ci-dessus mentionnées et constatant qu'aucun tiers ne s'est fait connaître comme intéressé au règlement de l'indemnité. Dans le cas où un tiers intéressé se serait fait connaître, il doit en être tenu compte lors du règlement du prix.

8° Certificat T négatif, ou état T des inscriptions, délivré par le conservateur des hypothèques quinze jours au moins après la transcription. (*Voir* art. 377, § 3, 4e alinéa.)

Si la transcription des actes translatifs de propriété n'était pas précédée des formalités de publication, les comptables devraient exiger une transcription nouvelle et un nouveau certificat du conservateur des hypothèques, de manière que la date de la transcription fût toujours le point de départ du délai de quinzaine fixé par l'article 17 de la loi du 3 mai 1841, pour l'inscription des privilèges et hypothèques.

389. *S'il existe des inscriptions hypothécaires et si le montant du prix n'est pas versé à la Caisse des dépôts et consignations.*

Aux pièces énumérées ci-dessus il faut ajouter :

9° Certificat T de radiation, délivré par le conservateur des hypothèques, ou quittance notariée portant mainlevée des inscriptions. (*Voir* art. 388, § 8.)

Lorsque l'indemnité ne dépasse pas 500 francs. Toutes les pièces relatives à la purge des hypothèques peuvent être remplacées par une délibération du Conseil municipal approuvée par le préfet, dispensant le maire de faire remplir les formalités de la purge des hypothèques : en outre, en vertu de cette même délibération et quand même elle ne l'aurait pas spécifié, l'acte ne sera pas soumis à la transcription (*voir* art. 380).

L'application de cette mesure d'exception ne saurait être considérée comme obligatoire; les communes qui y ont recours l'emploient à leurs risques et périls et doivent veiller à ce que la mention expresse soit inscrite dans l'acte de vente, et qu'avant payement on ait acquis la certitude que l'immeuble vendu n'est pas grevé d'inscriptions.

10° Décompte en principal et intérêts du prix d'acquisition, sous la déduction, s'il y a lieu, des dépens mis à la charge du vendeur.

Les pièces désignées sous les numéros 5, 7, 8 et 9 sont produites en original.

11° Quittance de l'ayant droit.

390. *Si le montant du prix de vente a été versé à la Caisse des dépôts et consignations ou s'il a été fait des offres réelles suivies d'acceptation.*

Nota. — Il ne peut être fait d'offres réelles, toutes les fois qu'il existe sur les immeubles des inscriptions ou autres obstacles au versement des deniers entre les mains de l'ayant droit.

On produira les pièces mentionnées ci-dessus à l'exception de la quittance de l'ayant droit et, lorsque la consignation est motivée par l'existence d'inscriptions hypothécaires, on produira des états d'inscriptions qui sont remis à la Caisse des dépôts et consignations.

Et en outre :

12° Arrêté du maire visant la date de l'état des inscriptions délivré par le conservateur des hypothèques;

13° Récépissé du préposé de la Caisse des dépôts et consignations ou procès-verbal d'offres constatant le payement de la somme due et sommation par huissier constatant le refus de l'indemnité réglée par le jury;

L'ayant droit doit alors acquitter le mandat pour ordre et par duplicata.

391. *En cas de jugement d'expropriation.*

1° Copie ou extrait T du jugement d'expropriation relatant textuellement la transcription et énonçant la date de la notification faite conformément à l'article 15 de la loi du 3 mai 1841;

2° Si l'indemnité est réglée à l'amiable : ampliation de l'acte qui a approuvé le règlement de prix, c'est-à-dire suivant le cas, délibération du Conseil municipal ou arrêté pris par le préfet en Conseil de préfecture (*voir* art. 388), et copie T de la convention contenant règlement de l'indemnité;

3° Si l'indemnité est réglée par le jury, copie ou extrait de la décision du jury, suivie de l'ordonnance d'exécution rendue par le magistrat président, portant fixation de l'indemnité d'expropriation, et s'il y a lieu, répartition des dépens;

Dans le cas de règlement d'indemnité par le jury, les intérêts du prix de vente courent de plein droit à l'expiration du délai de six mois du jour de ce règlement, si l'indemnité n'est ni acquittée, ni consignée.

En outre, les pièces indiquées à l'article 388, sous les §§ 5 à 13, doivent être produites, en observant que le jugement tient la place de l'acte de vente.

392. *Terrains bâtis et clos de murs; si l'utilité publique a été déclarée.*

1° Copie du décret déclarant les travaux d'utilité publique (loi du 8 juin 1863) ;

2° Les pièces mentionnées sous les articles 388, 389 et 390, §§ 2 à 13.

393. *Si l'utilité publique n'a pas été déclarée.*

1° Comme à l'article 388, §§ 2, 3 et de plus, certificat T négatif, délivré après transcription par le conservateur des hypothèques, relatant expressément qu'il s'applique aux mentions et transcriptions désignées par les articles 1 et 2 de la loi du 23 mars 1855, ainsi qu'aux transcriptions de saisies, de donations ou de substitutions;

2° Ou, s'il y a lieu, état T des inscriptions et, en outre, état des dites transcriptions et mentions (*voir* art. 377, § 3, 4ᵉ alinéa);

3° Comme à l'article 377, § 4;

4° Comme aux articles 378, 379, 380, 381.

394. *Consignation provisoire dans le cas de prise de possession pour cause d'urgence.*

1° Comme à l'article 391, §§ 1 et 2;

2° Comme à l'article 388, § 5;

3° Comme à l'article 388, § 6;

4° Extrait ou mention du décret qui déclare l'urgence;

5° Copie du jugement qui fixe le montant de la somme à consigner par la commune;

6° Arrêté du maire motivant et prescrivant la consignation provisoire qui doit comprendre, indépendamment de la somme fixée par le tribunal, deux années d'intérêts à 5 pour 100 exigés par l'article 69 de la loi;

7° Récépissé du préposé de la Caisse des dépôts et consignations.

395. *Payement du supplément, dans le cas où la consignation provisoire est inférieure au montant de l'indemnité.*

1° Mandat du maire faisant connaître, par une mention de référence, l'année et le numéro du compte à l'appui duquel a été jointe la copie du jugement d'expropriation, au moment de la consignation provisoire;

2° Copie de la convention T contenant règlement de l'indemnité, dûment approuvée par le Conseil municipal, si la dépense totalisée avec celles des autres acquisitions déjà votées dans le même exercice ne dépasse pas le dixième des revenus ordinaires, et si les conditions des articles 1, 6 et 17 de la loi du 24 juillet 1867 ont été observées; dans les cas contraires, ladite convention approuvée par le préfet;

Si l'indemnité a été fixée par le jury, comme à l'article 391, § 3;

3° Décompte en principal et intérêts calculés du jour de la prise de possession, portant, s'il y a lieu, déduction de la portion des dépens mis à la charge du vendeur;

4° Arrêté du maire rappelant la somme consignée précédemment et la date du mandat primitif, déterminant et ordonnant la consignation du solde et la conversion de la consignation provisoire en consignation définitive.

Cet arrêté devra indiquer si la consignation est faite à charge ou non d'inscriptions hypothécaires et s'il existe ou non d'autres obstacles à la remise des fonds entre les mains du propriétaire dépossédé; il doit relater, en outre, la date du certificat négatif ou de l'état des inscriptions délivré par le conservateur des hypothèques;

5° Déclaration du préposé de la Caisse des dépôts et consignations, constatant la conversion de la consignation provisoire en consignation définitive;

6° Récépissé du préposé de ladite caisse, pour le complément du prix.

396. Toutes les pièces relatives aux achats et ventes de terrains en vertu d'une déclaration d'utilité publique sont exemptes du timbre, mais celles qui, dans les cas ordinaires, y seraient sujettes, doivent être visées pour timbre gratis: toutefois, les pièces qui sont produites par la partie pour établir son droit ou sa qualité restent soumises aux règles du droit commun. Les actes pour lesquels le bénéfice de ces dispositions est invoqué doivent en contenir la mention expresse. (Instr. gén., art. 892; *voir* art. 424.)

Tous les mémoires d'officiers ministériels, extraits ou expéditions d'actes nécessités par les expropriations et qui bénéficient de l'affranchissement des droits de timbre ne doivent pas moins être soumis au visa pour timbre gratis. (Ministre des finances, 31 octobre 1859.)

397. *Immeubles appartenant à des mineurs, interdits, absents ou incapables, dans le cas de déclaration d'utilité publique.*

Comme aux articles 388 à 391 et, de plus :

1° Expédition du jugement autorisant la vente, en cas de convention amiable, sauf le cas où cette autorisation serait rappelée dans le contrat d'acquisition, en même temps que les mesures de conservation et de remploi;

2° La justification du remploi lorsqu'il est ordonné.

398. *Immeubles faisant partie de majorats.*

Comme aux articles 377 et 383, dans le cas de déclaration d'utilité publique.

399. *Immeubles appartenant à des femmes mariées, dans le cas de déclaration d'utilité publique.*

Comme aux articles 388 à 391 et, de plus :

Comme aux articles 384, 385 et 386.

Si l'aliénation est permise par le contrat de mariage, l'autorisation judiciaire n'est pas exigée; mais alors le contrat rappelle les conditions pour le remploi. Quand l'acte de vente indique le régime du mariage ou que les époux sont mariés sans contrat, les pièces énoncées ci-dessus, article 386, ne sont pas produites.

400. *Immeubles appartenant à des départements, des communes ou établissements publics, dans le cas de déclaration d'utilité publique.*

Comme aux articles 388 à 391 et, de plus :

Délibération, dûment approuvée, du Conseil général, du Conseil municipal ou de la Commission administrative qui a autorisé la vente.

401. *Convention sur le prix, seulement, de terrains bâtis ou non bâtis, lorsque cette convention est postérieure à la translation de propriété par voie d'expropriation.*

1° Comme à l'article 391, § 1 ;

2° Comme à l'article 388, § 5 ;

3° Comme à l'article 388, § 6 ;

4° Convention T, dûment approuvée, contenant le règlement de l'indemnité et, de plus :

Comme aux articles 388, 389 et 390.

402. *Acquisition faite en dehors de toute convention amiable.*

1° Comme à l'article 391, § 1 ;

2° Comme à l'article 388, § 5 ;

3° Comme à l'article 388, § 6 ;

4° Comme à l'article 388, § 8.

403. *Dans le cas où il existe des inscriptions et si le montant du prix n'est pas versé à la Caisse des dépôts et consignations.*

5° Comme à l'article 389, § 9;

6° Comme à l'article 388, § 6;

7° Comme à l'article 391, § 3;

8° Comme à l'article 389, § 10;

9° Comme à l'article 389, § 11; en outre ·

404. *En cas de désignation du prix de vente.*

Comme à l'article 381.

Nota. — Si par application de l'article 53 de la loi du 3 mai 1841, l'Administration a fait des offres réelles, il doit être produit une expédition du procès-verbal des offres constatant le refus de l'ayant droit ou, dans le cas d'acceptation, le payement de la somme due et, lorsque la consignation a eu lieu, une expédition du procès-verbal de consignation.

405. *Convention portant accord sur la cession, mais réservant au jury la fixation du prix.*

S'il s'agit de terrains non bâtis et clos de murs :

Comme aux articles 388, 389 et 390.

En outre : comme à l'article 391, § 3.

406. *S'il s'agit de terrains bâtis ou clos de murs.*

Comme aux articles 388, 389 et 390.

En outre : comme à l'article 391, § 3.

407. *Acquisitions de terrains pour l'exécution d'un plan général d'alignement.*

1° Arrêté individuel d'alignement délivré par le maire, visant la date de l'homologation par le préfet du plan général en conformité duquel il doit être donné et relatant textuellement la mention de la transcription et de l'enregistrement.

Lorsque le propriétaire fait démolir les immeubles sujets à l'alignement ou qu'il est contraint de les démolir à cause de péril ou de vétusté, l'arrêté emporte dépossession de la partie retranchable. Le retranchement des terrains nus et ouverts peut être exécuté immédiatement.

2° Expédition ou extrait T de l'acte d'arrangement sur le prix, enregistré non transcrit, constatant la représentation des titres de propriété reconnus réguliers ;

En cas de désaccord sur le prix :

Copie ou extrait de la décision du jury suivie de l'ordonnance d'exécution du magistrat directeur, portant fixation de l'indemnité d'expropriation, et s'il y a lieu, répartition des dépens.

3° Comme aux articles 388, §§ 2, 5, 13.

408. *Indemnités mobilières, locatives ou industrielles et autres indemnités accessoires en cas d'expropriation.*

Copie T de la convention amiable, dûment approuvée, ou :

Copie de la décision du jury comme il est dit à l'article 407, § 1, 3e alinéa.

En cas de règlement par le juge de paix, expédition de la décision du juge de paix fixant le chiffre de l'indemnité, ou, s'il y a appel de la sentence, copie du jugement du tribunal civil.

409. *Acquisitions et échanges d'immeubles par application des lois des* 21 *mai* 1836 *et* 8 *juin* 1884 *sur les chemins vicinaux.*

Immeubles appartenant à des personnes capables. Conventions amiables sur cession.

Comme à l'article 377, en tenant compte des dispositions suivantes :

Décision ou décret qui prescrit l'ouverture, le redressement ou l'élargissement et déclare les travaux d'utilité publique; de plus :

1° Délibération du Conseil municipal autorisant l'acquisition, approuvée par le préfet en Conseil de préfecture ;

2° Expédition ou extrait de l'acte de cession amiable relatant la transcription, indiquant les précédents propriétaires et constatant que le vendeur a produit les titres qui établissent sa possession ;

3° Pièces constatant la purge des hypothèques, c'est-à-dire le certificat de publication et affiches de l'acte, et le numéro du journal de l'arrondissement dans lequel l'insertion a été faite. Les publications et l'insertion devront toujours précéder la transcription (*voir* 379) ;

4° Certificat du conservateur des hypothèques, délivré à l'expiration de la quinzaine de la transcription ;

Nota. — Dans le cas où le prix de vente n'excédera pas 500 francs, *voir* les dispositions spéciales relatives à la dispense de la purge des hypothèques, article 380;

5° Certificat de payement de l'agent-voyer cantonal visé par l'agent-voyer d'arrondissement.

410. *Élargissement sur terrains non bâtis ni clos de murs.*

La largeur des chemins de grande communication et d'intérêt commun est déterminée par le Conseil général, et par la Commission départementale pour les chemins vicinaux ordinaires (10 août 1871). (*Voir* article 417.)

Aux termes de l'article 15 de la loi du 21 mai 1836, la décision prescrivant l'élargissement d'un chemin vicinal attribue définitivement à ce chemin le sol compris dans les nouvelles limites qu'elle détermine. Cette décision dépossède le propriétaire des terrains nus à occuper; elle est translative de propriété et doit nécessairement être rendue pour permettre l'élargissement de la voie. Il ne peut donc y avoir, entre le propriétaire et l'Administration, qu'un arrangement sur le prix du terrain, quand il s'agit d'un immeuble non bâti ni clos de murs.

En cas d'accord sur le prix :

1° Ampliation de la décision approuvant le règlement du prix ou la fixation de la soulte;

2° Expédition ou extrait de l'acte portant arrangement amiable T, lorsqu'il est produit à l'appui du compte final, et non timbré lorsqu'il s'agit d'une justification provisoire; ladite expédition ou ledit extrait constatant que le vendeur a produit les titres qui établissent la possession;

3° Décision de la Commission départementale pour les chemins vicinaux ordinaires et du Conseil général pour les chemins de grande communication et d'intérêt commun; ladite décision portant mention de la transcription et de l'enregistrement et spécifiant qu'elle n'a été l'objet d'aucun des recours énoncés par les articles 47 et 88 de la loi du 10 août 1871;

Dans le cas où la décision de la Commission départementale aurait été frappée d'appel :

Décision du Conseil général.

4° Comme aux articles 388, 389 et 390, §§ 5 à 11 et 13;

5° Certificat de payement délivré par l'agent-voyer cantonal et visé par l'agent-voyer d'arrondissement pour les chemins vicinaux ordinaires et par l'agent-voyer en chef pour les chemins de grande communication et d'intérêt commun ;

6° Dans le cas de consignation : arrêté du maire pour les chemins vicinaux ordinaires ou du préfet pour les chemins de grande communication et d'intérêt commun, prescrivant la consignation et la motivant : si la consignation a pour cause l'existence d'inscriptions hypothécaires, l'arrêté visera la date de la délivrance par le conservateur de l'état des inscriptions.

Pour les sommes inférieures à 500 francs, *voir* les dispositions spéciales à l'article 380.

411. *Élargissement sur terrains boisés et clos de murs par convention amiable portant à la fois sur la cession et sur le prix.*

Comme aux articles 392, 393, 377, § 4, 378, 379, 380 et 381 et de plus :

Certificats prévus à l'article 410, §§ 5 et 6.

412. *En cas de convention portant accord sur la cession, mais réservant au jury la fixation du prix.*

Comme aux articles 388, 389, 390.

Et en outre, comme à l'article 391, § 3.

413. *En cas de convention sur le prix seulement, postérieure à la translation de propriété par voie d'expropriation.*

Comme à l'article 401.

414. *En cas de désaccord sur le prix : terrains non bâtis ni clos de murs.*

1° L'acte qui a prescrit l'élargissement (*voir* art. 410, §§ 2 et 3);

2° Expédition de la décision du juge de paix fixant le chiffre de l'indemnité, du jugement du tribunal civil, s'il y a eu appel de la sentence du juge de paix. La décision qui prescrit l'élargissement sera seule soumise à la transcription;

3° Comme à l'article 410, §§ 4, 5 et 6.

Pour les sommes inférieures à 500 francs, *voir* les dispositions spéciales à l'article 380.

415. *En cas de consignation du prix de vente.*

Comme à l'article 404 et à l'article 410, § 6.

416. *Terrains bâtis ou clos de murs.*

Comme aux articles 402, 403 et 415. (*Voir* en outre art. 418.)

417. *Alignement (chemins vicinaux). Terrains non bâtis ni clos de murs.*

La décision qui prescrit l'élargissement est transcrite au bureau des hypothèques et doit relater la mention de l'enregistrement. Il en est de même de la décision qui prescrit l'alignement.

Les règles établies pour l'élargissement sont applicables à l'alignement. (*Voir* les articles 409 à 416, ci-dessus.)

418. *Terrains bâtis ou clos de murs.*

En cas d'acquisition en vue d'alignement, lorsqu'il existe un plan général dûment homologué, et lorsque le propriétaire fait démolir ou qu'il est forcé de démolir sa maison pour cause de péril ou de vétusté, l'arrêté d'alignement individuel, délivré soit par le maire pour les chemins vicinaux ordinaires, soit par le préfet ou le sous-préfet pour les chemins de grande communication et d'intérêt commun, emporte dépossession de la partie retranchable et les formalités de purge, s'il y a lieu, doivent s'effectuer conformément à la loi du 3 mai 1841.

1° Arrêté individuel d'alignement délivré par le maire, visant la date de l'homologation du plan général, en conformité duquel il doit être donné, relatant textuellement la mention de la transcription et de l'enregistrement et indiquant la date de la notification ;

2° Comme aux articles 388, 389, 390, §§ 5 à 11 et 13, article 391, § 3 ;

L'arrêté d'alignement tient lieu de jugement.

3° Dans le cas de règlement amiable :

Convention amiable T, dûment approuvée s'il y a lieu ou, à défaut, décision du jury, rendue exécutoire par le magistrat directeur. (*Voir* art. 407, § 2.)

Lorsque pour l'exécution du plan d'alignement on n'attend pas que le propriétaire démolisse, soit volontairement, soit pour cause de péril ou de vétusté, les constructions frappées de la servitude de reculement, il faut distinguer si la commune acquiert l'immeuble dont le sol doit être incorporé à la voie publique, en vertu d'un décret d'utilité publique ou en vertu d'un simple arrangement amiable.

Dans le premier cas, il est procédé à la purge des hypothèques conformément aux prescriptions de la loi de 1841; les pièces à produire sont les suivantes :

S'il y a eu convention amiable :

Toutes les pièces spécifiées aux articles 388 à 401, 410, §§ 5 et 6.

A défaut de convention amiable :

Toutes les pièces spécifiées aux articles 401 à 405, 410, §§ 5 et 6.

Dans le second cas, la purge est faite selon les dispositions du Code civil; les pièces à produire sont les suivantes :

1° Décision homologuant le plan;

2° Toutes les pièces mentionnées à l'article 377, §§ 1, 2 et 3, dans le cas où l'utilité publique n'a pas été déclarée.

419. S'il n'y a pas eu cession amiable par les propriétaires :

Les pièces indiquées aux articles 409 et suivants, sauf les modifications ci-après :

En matière d'élargissement sur des terrains non bâtis ni clos de murs :

1° L'expédition ou l'extrait de l'acte de cession amiable sera remplacé par une expédition de la décision du juge de paix fixant le chiffre de l'indemnité ou par l'expédition du jugement du tribunal civil, s'il y a eu appel de la sentence du juge de paix; la décision qui prescrit l'élargissement sera seule soumise à la transcription. Si la valeur des terrains ne dépasse pas 500 francs (art. 380), le Conseil municipal pourra, en vertu des dispositions du décret du 14 juillet 1866, et avec l'approbation du préfet, dispenser de l'accomplissement des formalités de purge des hypothèques.

S'il s'agit de terrains bâtis dont l'acquisition a lieu en vertu d'une déclaration d'utilité publique, l'expédition ou l'extrait de l'acte de cession amiable sera remplacé par une copie ou un extrait de la décision du jury portant fixation de l'indemnité. De plus, le Conseil municipal pourra (art. 380) dispenser des formalités de purge et de transcription en ce qui concerne le jugement d'expropriation, seul acte qui devrait être transcrit;

2° Dans le cas où il n'y a pas dispense de purge en ce qui concerne les terrains non bâtis ni clos de murs, on produira les pièces constatant que la purge a eu lieu conformément aux dispositions du Code civil.

En matière d'ouverture ou de redressement, l'expédition de l'acte de cession amiable sera remplacée par les pièces ci-après :

1° Copie ou extrait du jugement d'expropriation relatant textuellement la transcription;

2° Certificat du maire constatant que le jugement a été notifié, publié et affiché, et indiquant les époques de l'accomplissement de ces formalités;

3° Numéro du journal dans lequel le jugement aura été inséré par extrait; la transcription devra toujours être postérieure aux formalités de notification, de publication, d'affichage et d'insertion;

4° Certificat du conservateur des hypothèques délivré après l'expiration du délai de quinzaine de la transcription du jugement;

Lorsque la valeur des terrains ne dépasse pas 500 francs, les pièces relatives à la purge des hypothèques pourront être remplacées par une délibération du Conseil municipal approuvée par le préfet, dispensant le maire de faire remplir les formalités de purge des hypothèques; en outre, le jugement d'expropriation pourra ne pas être soumis à la transcription (loi du 3 mai 1841, art. 19; ordonn. du 18 avril 1842);

5° Copie ou extrait de la décision du jury portant fixation de l'indemnité d'expropriation;

6° Certificat du maire constatant que dans les huit jours qui ont suivi l'avertissement donné en exécution de l'article 21 de la loi du 3 mai 1841, aucun tiers ne s'est fait connaître comme intéressé au règlement de l'indemnité, ou, dans le cas contraire, désignant ce tiers;

7° Certificat du maire constatant la représentation des titres réguliers qui établissent la possession et expliquent, au besoin, les motifs pour lesquels l'ayant droit n'est pas identiquement la personne dénommée dans le jugement d'expropriation. Dans ce dernier cas, le propriétaire réel devra produire un certificat constatant sa situation hypothécaire. Ce certificat pourra être remplacé, si l'indemnité ne dépasse pas 500 francs, par une délibération du Conseil municipal, approuvée par le préfet, portant dispense de fournir cette pièce;

8° Certificat de payement délivré par l'agent-voyer cantonal et visé par l'agent-voyer d'arrondissement.

Si les offres faites par l'Administration municipale, conformément à l'article 23 de la loi du 3 mai 1841, ont été acceptées, le certificat dont la production est prescrite par le n° 6 ci-dessus sera remplacé par l'acte d'acceptation des offres, sous forme de convention.

Tous les actes passés en vertu d'une déclaration d'utilité publique, et qui, dans les cas ordinaires, devraient être timbrés, sont exempts du timbre, mais sont visés pour timbre gratis (loi du 3 mai 1841, art. 58).

Nota. — Si la propriété vendue appartient en totalité ou en partie à des mineurs, interdits, absents ou incapables, le contrat doit rappeler l'autorisation donnée par le tribunal d'accepter les offres de la commune ou, dans le cas de cession amiable, et si l'immeuble est d'une valeur qui n'excède pas 100 francs, relater la délibération du Conseil municipal acceptant l'offre du tuteur de se porter fort pour le mineur et de faire ratifier la vente à sa majorité.

Pour les immeubles dotaux, on devra exiger l'autorisation donnée par le tribunal d'accepter les offres de la commune et la justification du remploi lorsqu'il est ordonné.

S'il existe des inscriptions hypothécaires ou oppositions qui empêchent le payement, le prix de vente est versé à la Caisse des dépôts et consignations, en vertu d'un arrêté du maire qui est produit avec le récépissé timbré du préposé de la Caisse et toutes les pièces énoncées ci-dessus, à l'exception de l'état des inscriptions délivrées par le conservateur. Cette pièce est remplacée par le reçu du préposé de la Caisse des dépôts à qui elle est remise.

Il ne sera pas fait d'offres réelles toutes les fois qu'il existera, sur les immeubles expropriés, des inscriptions ou autres obstacles au versement des deniers entre les mains des ayants droit (loi du 3 mars 1841, art. 54; loi du 21 mai 1836, art. 21; Instruction générale sur les chemins vicinaux, 6 décembre 1870).

420. *Indemnités accessoires, mobilières, locatives, industrielles.*
Comme à l'article 408.

421. *Indemnités relatives à des extractions de matériaux, à des dépôts ou enlèvements de terre, à des occupations temporaires de terrains.*

Si l'indemnité a été fixée à l'amiable :

1° L'accord, visé pour timbre gratis, fait entre l'Administration et le propriétaire et approuvé par le préfet;

2° Certificat de payement délivré par l'agent-voyer cantonal et visé par l'agent-voyer d'arrondissement.

Si l'indemnité n'a pu être fixée à l'amiable :

1° Extrait de l'arrêté préfectoral qui autorise les extractions de matériaux ou les occupations temporaires de terrains;

2° Arrêté du Conseil de préfecture qui a fixé l'indemnité;

3° Certificat de notification et de non-pourvoi, ou arrêt du Conseil d'État;

4° Certificat de payement, délivré par l'agent-voyer cantonal, visé par l'agent-voyer d'arrondissement.

422. *En cas de jugement d'expropriation.*

Comme à l'article 391.

423. *Prise de possession, pour cause d'urgence, des terrains non bâtis, en matière d'ouverture ou de redressement.*

Certificat, non timbré, de payement de l'agent-voyer cantonal, visé par l'agent-voyer d'arrondissement et le maire;

Et, de plus, les pièces spécifiées aux articles 396 et 397.

424. *Dispositions relatives au timbre et à l'enregistrement.*

Tous les actes passés soit en vertu d'une déclaration d'utilité publique, soit pour l'exécution d'un plan d'alignement, dans le cas où le propriétaire riverain est obligé de s'y soumettre, sont visés pour timbre et enregistrés gratis, lorsqu'il y a lieu à cette formalité; toutefois, les pièces qui sont produites par la partie pour établir son droit ou sa qualité restent soumises aux règles du droit commun.

Les actes pour lesquels le bénéfice de l'exception est appliqué doivent en contenir la mention expresse. (Mai 1841; Instr. gén., art. 892; Travaux publics, 8 juin 1870.)

Il en est de même à l'égard des actes ayant pour objet les acquisitions de terrains bâtis ou non bâtis, faites en exécution du décret du 26 mars 1852, pour l'ouverture, le redressement ou l'élargissement des rues formant le prolongement des chemins vicinaux dans les communes auxquelles les dispositions de ce décret ont été déclarées applicables en vertu de son article 9. (Décret du 26 mars 1852; Décision financière du 28 mai 1857.)

Les quittances pures et simples sont passibles du droit de timbre à 10 centimes. Dans le cas où il y aurait lieu pour la partie prenante de faire établir une quittance spéciale, cette quittance sera notariée ou administrative. La quittance administrative est délivrée par le maire, elle est timbrée et enregistrée gratis. (*Voir* 396, 409 et 424.)

425. *Immeubles appartenant à des mineurs, interdits, incapables ou faisant partie de majorats.*

Comme aux articles 397, 398, 409 et 424.

426. *Immeubles appartenant à des femmes mariées.*

Comme aux articles 399, 409 et 424.

427. *Immeubles appartenant aux départements, aux communes et aux établissements publics.*

Comme aux articles 400, 409 et 424.

428. *Payement d'acomptes autres que le premier et le dernier.*

1° Décompte en principal et intérêts du prix d'acquisition;

2° Indication de l'article du compte à l'appui duquel a été jointe la copie de l'acte de vente ou de la décision du jury, s'il y a lieu; cette indication peut être consignée sur le mandat de payement;

3° Certificat de payement de l'agent-voyer cantonal, visé par l'agent-voyer d'arrondissement et le maire.

Nota. — Toutes les pièces justificatives relatives aux chemins vicinaux doivent être visées par l'Administration des chemins vicinaux. (*Voir* art. 409.)

429. *Achat de rentes sur l'État ou de valeurs françaises autorisées.*

1° Bordereau timbré de l'agent de change ou du trésorier général chargé de l'opération;

2° L'ampliation de la délibération du Conseil municipal, approuvée par le préfet, lorsqu'elle n'est pas jointe à la demande d'achat.

430. *Nota.* — L'ampliation de cette délibération n'est pas indispensable à l'appui de la dépense, attendu que le fait même de l'opération entraîne comme conséquence la production de cette pièce. En effet, le trésorier général ne peut transmettre un ordre de bourse pour le compte des communes ou établissements publics s'il n'a été préalablement nanti de la susdite délibération, motivée et dûment approuvée. L'opération consommée consacre *ipso facto* l'application des règlements.

431. *Achat de pompe à incendie, horloge, cloche et autres objets spéciaux.*

1° Expédition timbrée du traité de gré à gré passé avec le fournisseur, approuvé par le préfet;

2° Facture ou mémoire timbré du fournisseur;

3° Procès-verbal timbré de réception définitive.

Dans le cas où le maire aurait été autorisé à acheter directement au fabricant, il y aurait lieu de produire seulement le mémoire timbré du fabricant avec l'autorisation préfectorale qui aurait été donnée au maire.

432. *Frais d'administration des bois non soumis au régime forestier.*

État timbré certifié par l'intéressé, arrêté par le maire.

Si les travaux ont été exécutés en régie, il sera justifié comme il convient en pareil cas.

433. *Remboursement du 20e attribué aux communes sur le produit de la taxe des chevaux et voitures.*

Talon spécial détaché de l'ordonnance de décharge à l'appui d'un mandat du maire délivré au nom du receveur et acquitté pour ordre par lui.

434. *Emploi du tiers revenant aux pauvres dans le produit des concessions de terrains aux cimetières pour les communes qui n'ont pas d'établissements charitables.*

1° Extrait de l'état d'attribution;

2° État de distribution nominatif acquitté pour ordre par le distributeur, dans le cas de distribution en argent; ou bien :

Mémoire timbré du fournisseur lorsque les secours sont distribués en nature.

Pour les dépenses concernant le service des pauvres, dans les communes où il n'existe pas d'établissement charitable ou hospitalier, *voir* la nomenclature au service spécial des hospices et bureaux de bienfaisance.

435. *Indemnité à un titre quelconque.*

Mandat acquitté par la partie prenante, timbré au-dessus de 10 francs.

436. *Frais d'établissement de bureau de poste-télégraphe et de facteur-boîtier.*

1° Copie T de l'acte qui a réglé les conditions de la création du bureau;

2° Récépissé du receveur des finances;

3° Décision du ministre des postes.

437. *Frais de recensement.*

Mémoire T certifié par l'opérateur, visé par le maire.

437 bis. *Frais de voyages.*

État ou mémoire détaillé T, certifié par la partie prenante et visé par le maire.

438. *Dépenses des collèges communaux.*

1° Copie dûment certifiée du compte rendu par le principal et faisant ressortir la perte de la gestion annuelle du collège;

2° États des traitements certifiés par le principal, dûment émargés par les régents et portant mention des retenues pour le service des pensions civiles.

Nota. — Le mandat du maire est acquitté par ordre et non sujet au timbre.

438 bis. *Secours aux sociétés musicales, compagnies de sapeurs-pompiers, etc., etc.*

Mandat acquitté par le trésorier ou le président, timbré au-dessus de 10 francs.

438 ter. *Frais d'exploitation des établissements d'eaux minérales, d'usines à gaz, de la condition publique des soies, etc., etc.*

Il est justifié des dépenses à ces divers titres, comme en matière ordinaire, suivant leur importance et leur nature; c'est-à-dire que ces dépenses sont faites, suivant le cas, par voie d'abonnement, d'économie, de régie, d'entreprise, etc., et sont justifiées en conséquence. (*Voir* 490.)

439. *Contributions des biens situés sur le territoire étranger.*

1° Avertissement de l'Administration financière étrangère portant détail des sommes dues, visé par le maire;

2° Quittance du receveur étranger pour le montant des contributions dues;

3° Quittance des frais d'envoi de fonds.

439 bis. *Secours aux voyageurs indigents.*

Mandats individuels ou états d'émargements non timbrés.

Nota. — Les comptables ne doivent pas imputer sur ce crédit les dépenses de secours dus aux voyageurs indigents à leur arrivée au gîte d'étape, les dépenses de cette nature faisant l'objet d'avances remboursées en fin d'année par le département.

440. *Rétrocessions de concessions au cimetière.*

Copie de l'arrêté préfectoral qui annule la concession relatant la mention de l'enregistrement ; ou, traité de gré à gré T, approuvé et enregistré.

441. *Reversement de la part indûment attribuée sur permis de chasse.*

1° Copie de l'arrêté du préfet qui prescrit le reversement ;

2° Quittance à souche du receveur de la commune au profit de laquelle la restitution a été prononcée.

442. *Restitution de droits d'octroi indûment perçus.*

1° Quittance des droits ou extrait du registre des recettes ;

2° Décision, suivant le cas, du directeur des contributions directes ou du maire autorisant le remboursement.

443. *Avances pour droits de transmission et pour impôt de 3 pour 100 sur le revenu des obligations communales.*

Quittances des receveurs de l'enregistrement, timbrées au-dessus de 10 francs.

444. *Remboursement, en cas de legs universel, à l'exécuteur testamentaire des frais faits par lui.*

1° Expédition T de l'acte notarié contenant le compte des débours ;

2° Expédition de la délibération du Conseil municipal acceptant ce compte ou expédition T du jugement qui l'a homologué.

Dans le cas où ces pièces auraient été produites à l'appui d'un précédent compte, indiquer par une mention spéciale le numéro et l'année de ce compte ;

3° Mémoires, quittances et reçus des sommes payées ;

4° Quittance de l'exécuteur testamentaire.

445. *Frais d'expertise en matière de contributions et de chemins vicinaux.*

État des frais et vacations T, certifié par l'expert et visé par le maire, homologué en justice, s'il y a lieu.

Lorsque l'instruction des réclamations exige que l'Administration désigne des experts, les frais de l'expertisé sont avancés par les receveurs municipaux sur les fonds des communes, suivant les règles spéciales tracées par l'Instruction générale.

446. *Frais de poursuites admis en non-valeurs.*

1° Quittance à souche du receveur municipal;

2° Indication de l'état dans lequel les frais sont déterminés et auquel est joint l'arrêté du préfet qui alloue la décharge.

447. *Dépenses entreprises en commun par plusieurs communes.*

1° Quittance à souche du receveur centralisateur;

2° État certifié par le maire établissant la part contributive.

Il ne s'agit dans l'espèce que des communes coïntéressées, le receveur de celle qui centralise le produit devant justifier la dépense selon les règles établies dans la nomenclature.

448. *Frais de bornage des propriétés communales.*

Pour la fourniture des bornes et leur plantation :

1° Décision approbative du bornage;

2° Procès-verbal d'adjudication T enregistré;

3° Cahier des charges T et devis ou série de prix T;

4° Décompte des travaux et fournitures T ;

5° Procès-verbal de réception définitive T.

Dans le cas de marché de gré à gré :

1° Marché dûment approuvé, T et enregistré;

2° Mémoire T réglé par le maire ou états des journées.

Pour une dépense de moins de 300 francs, *voir* les articles 374, 375, 376.

Pour les opérations d'arpentage et la rédaction du procès-verbal de bornage :

1° État des frais et honoraires T, certifié par le maire;

2° S'il y a lieu, délibération approuvée par laquelle la commune se charge de la totalité de la dépense.

QUATRIÈME DIVISION

PIÈCES JUSTIFICATIVES DES RECETTES HORS BUDGET

449. *Caisse des retraites.*

1° Pour la première fois, ampliation ou extrait des décisions qui déterminent les retenues et instituent la caisse des retraites ;

2° État nominatif annuel, arrêté par le maire, des employés qui ont subi les retenues et indiquant, avec le chiffre des traitements, le montant et la nature de ces retenues.

Cet état doit être produit pour les retenues sur traitements et sur parts revenant aux agents dans les saisies et amendes d'octroi.

Pour le produit des semestres de rentes :

3° État certifié par le maire, indiquant le montant des inscriptions, leurs numéros et la date de l'entrée en jouissance.

Pour les recettes accidentelles :

4° Titres qui constituent les produits, timbrés ou non, suivant le cas (*voir* dons et legs), et états dûment arrêtés qui en déterminent le montant ;

5° Copie du compte remis par la Caisse des dépôts et consignations.

450. *Recettes d'ordre de l'octroi.*

1° *Consignations pour saisies et amendes :*

Procès-verbaux constatant les contraventions (timbrés) ;

Transactions approuvées T, ou expédition ou extrait T des jugements intervenus ;

Actes de vente, s'il y a lieu ; bulletins de versement à la Caisse municipale ;

2° *Consignations sur passe-debout :*

Relevé mensuel des recettes et des dépenses sur passe-debout, vérifié par l'agent chargé du contrôle ;

Bulletins de versements à la Caisse municipale ;

3° *Remises allouées aux employés par l'Administration des contributions indirectes :*

Bulletins de versements déjà cités ;

Décomptes des remises revenant aux employés, dressé par le receveur des contributions indirectes ;

Les quittances pour l'encaissement de ces remises restent exemptes du droit de timbre.

4° *Produit net des ventes faites dans les entrepôts.*

Procès-verbaux constatant le produit des ventes et pièces justificatives des déductions à opérer sur ce produit.

451. *Coupe affouagère à distribuer en nature.*

Certificat du maire constatant l'estimation de la coupe détaillée par quantité, par nature de produits et par contenance.

452. *Dépôts de garantie et cautionnements pour adjudications et marchés.*

État, certifié par le maire, des dépôts et cautionnements qui ont été reçus et présentant, dans des colonnes distinctes, les dépôts et les cautionnements en numéraire et en rentes sur l'État.

453. *Excédents de versements sur les produits communaux.*

Relevé nominatif dressé par le receveur et certifié par le maire.

454. *Retenues pour le service des pensions civiles.*

État nominatif annuel, certifié par le receveur, visé par le maire, des employés qui ont subi les retenues, et indiquant, avec le chiffre des traitements et des allocations sujettes à retenue, le montant et la nature de ces retenues.

455. *Retenues en vertu d'opposition.*

État certifié par le receveur et visé par le maire, indiquant distinctement la date des oppositions et des visa, les noms et qualités des parties saisies, la date et le montant des payements effectués après la signification et enfin les retenues opérées.

456. *Cotisations particulières.*

N.-B. — Quand ces cotisations ne concernent pas une commune spécialement, elles sont comprises dans le compte de la commune chef-lieu de perception.

Rôles et états établissant les taxes, dûment approuvés.

457. *Part allouée au bureau de bienfaisance, à l'hospice ou à un* *établissement de charité, dans le produit des concessions aux cimetières, quand le receveur municipal n'est pas en même temps receveur de l'hospice, du bureau de bienfaisance ou de cet établissement.*

Relevé nominatif, certifié par le maire, énonçant la date des actes de concession, celle de l'enregistrement, le montant total du prix des concessions et le montant revenant à l'établissement.

458. *Recettes faites avant l'ouverture de l'exercice.*

État détaillé des recettes, certifié par le maire.

459. *Caisse des écoles.*

Ampliations certifiées par le maire, des actes par lesquels ont été réglées, soit les subventions de la commune, du département ou de l'État, soit les souscriptions volontaires des particuliers, et par lesquels ont été acceptés les dons et legs; de plus, suivant le cas :

Décompte des intérêts de fonds placés au Trésor, certifié par le receveur des finances, visé par le trésorier général;

État certifié du maire faisant connaître le détail des rentes sur l'État ou autres valeurs, avec détail des numéros, de la quotité de rentes, de l'époque de la jouissance, et de l'échéance.

460. *Recettes accidentelles et imprévues.*

Titres timbrés ou non, suivant le cas, qui constatent les produits et états dûment certifiés qui en fixent le montant.

Nota. — Sous ce titre général, il y a lieu de comprendre tous les comptes ouverts à l'occasion des emprunts souscrits par le public, soit pour l'émission des titres, soit pour leur conservation, leur transfert, ainsi que pour les oppositions sur les titres et les coupons. (Règlement du 23 juin 1879 et circ. C. P., du 25 août 1879.)

461. *Retenues au profit d'asiles.*

État détaillé présentant : 1° les exercices auxquels se rapportent les dépenses frappées de retenues; 2° les numéros des articles du compte; 3° les noms des parties versantes; 4° les prélèvements de la première année de l'exercice; 5° ceux (pour ordre) de la deuxième année.

Cet état, certifié par le receveur et visé par le maire, doit rapporter comme premier article le montant des retenues effectuées dans le cours de l'année et qui n'ont pas été prises en charge, bien que justifiées au compte précédent.

Ce prélèvement, qui est du 1 pour 100, est à la charge des entrepreneurs, à raison des travaux effectués par adjudication, marchés, etc., etc., et à l'exclusion des fournitures et salaires.

CINQUIÈME DIVISION

PIÈCES JUSTIFICATIVES DES DÉPENSES HORS BUDGET

462. *Fonds de retraites ou pensions.*

1° Quittance des parties prenantes, T au-dessus de 10 francs;

2° Certificat de vie. (Instr. gén., art. 1542, § 72.)

463. *Dépenses d'ordre de l'octroi.*

1° *Consignations pour saisies et amendes :*

Pour les remboursements : quittance T des parties prenantes et décisions qui les autorisent.

Pour les frais divers : état détaillé certifié par l'agent qui a fait l'avance et visé par le préposé chargé du contrôle et appuyé des justifications des frais extraordinaires.

Pour les droits fraudés : déclaration de recette du receveur du bureau central au bas de l'état de répartition, avec indication des numéros du livre à souche sous lesquels l'opération a été constatée.

Pour la part revenant aux saisissants : ledit état T, émargé par les parties prenantes ou, s'il s'agit de saisies mixtes, par le receveur principal des contributions directes.

Pour la part revenant à la commune et pour la part affectée au fonds de retraites : le même état et quittance du receveur municipal; de plus, états mensuels des consignations restituées ou réparties.

2° *Consignations sur passe-debout :*

Relevés mensuels (art. 449) indiquant, d'une part, les remboursements justifiés par les quittances des parties prenantes, T; et d'autre part, les sommes converties en perception définitive.

Certificat, dûment quittancé, de sortie des objets qui ont donné lieu aux consignations susceptibles d'être restituées, après l'expiration des délais fixés.

3° *Remises allouées aux employés par l'Administration des contributions indirectes :*

État de répartition T, dressé par le maire et dûment émargé par les parties prenantes (ces remises ne sont pas assujetties à la retenue pour le service des pensions civiles).

4° *Produit des ventes faites dans les entrepôts :*

Quittance, T au-dessus de 10 francs, des ayants droit.

464. *Coupe affouagère distribuée en nature.*

État nominatif certifié par le maire, et présentant, par contenance de chaque lot ou par nature de produit, la part afférente à chacun des habitants et portant émargement de ceux-ci.

465. *Remboursements et emploi en cautionnements des dépôts en garantie pour adjudications et marchés.*

Pour les dépôts restitués :

1° Certificats du président de l'adjudication constatant que les parties prenantes n'ont pas été déclarées adjudicataires ;

2° Quittances à souche timbrées du receveur municipal ou récépissés T du receveur des finances, revêtus au verso de la décharge des soumissionnaires.

Pour les dépôts en numéraire convertis en cautionnements :

Récépissé ou déclaration de versement du receveur des finances, timbré à 25 centimes.

Pour les inscriptions de rentes affectées aux cautionnements définitifs :

Reçu ou accusé de réception T du directeur de l'enregistrement ou de l'agent judiciaire du trésor.

466. *Excédents de versements sur les produits communaux.*

Quittances des ayants droit timbrées à 10 centimes, au-dessus de 10 francs; ces quittances peuvent être données collectivement, comme en matière de contributions, mais alors il est dû autant de timbres à 10 centimes qu'il y a de sommes supérieures à 10 francs.

Pour les excédents non réclamés à la fin de la deuxième année de l'exercice :

Quittance à souche du receveur municipal constatant le versement au compte de la commune.

467. *Versement des retenues pour le service des pensions civiles.*

Récépissé ou extrait du récépissé du receveur des finances.

468. *Cotisations particulières.*

1° Mémoires et états de fournitures et travaux T ;

2° Quittances timbrées des parties prenantes.

469. *Part revenant aux établissements charitables dans le produit des concessions au cimetière, dans le cas prévu à l'article* 457.

Quittance à souche non timbrée du receveur de l'établissement intéressé.

470. *Application au compte de la commune des recettes faites avant l'ouverture de l'exercice.*

État certifié par le maire, des sommes précédemment recouvrées, avec indication des articles du compte auquel ces sommes ont été appliquées.

Cette opération de transport est faite au commencement de l'année.

471. *Caisse des écoles.*

Mémoire ou facture T des fournitures, certifiée par l'intéressé et approuvée par le maire.

Pour les achats de rentes ou de valeurs, bordereau T de l'agent de change ou du trésorier général qui a fait l'opération.

472. *Versement des retenues opérées au bénéfice d'asiles.*

Récépissé à talon ou déclaration de versement du caissier central du Trésor public.

473. *Versement des recettes accidentelles.*

Ces justifications devront être établies par analogie avec les autres dépenses de la nomenclature. (*Voir* les dispositions de l'article 460, applicables en dépense à l'article 473.)

PIÈCES JUSTIFICATIVES

DES RECETTES ET DES DÉPENSES

DES

COMPTES DES ÉTABLISSEMENTS DE BIENFAISANCE

(HOSPICES, BUREAUX DE BIENFAISANCE, ETC., ETC.)

RECETTES

474. *Pièces générales.*
Comme à l'article 178.

475. *Loyers des maisons et terrains, baux emphytéotiques, etc.*
Comme à l'article 184.

476. *Fermage en argent des biens ruraux.*
Comme à l'article 185.

477. *Fermage en nature des biens ruraux.*
Comme à l'article 185; de plus :

État détaillé T arrêté par le président de la commission faisant connaître l'estimation en argent par application du cours des mercuriales.

478. *Location de la pêche, de la chasse, etc., etc.*
Comme à l'article 186.

479. *Rentes sur l'État.*
Comme à l'article 196.

480. *Rentes en argent sur particuliers et sur communes.*
Comme à l'article 198.

481. *Rentes en nature acquittées ou évaluées en argent.*
Comme à l'article 477.

482. *Intérêts des fonds placés au Trésor.*

Comme à l'article 200.

483. *Intérêts d'obligations et dividendes d'actions.*

Bordereau certifié par le président du conseil d'administration, présentant le décompte de l'opération. (*Voir* 372.)

484. *Intérêts de capitaux dus.*

Bordereau de créance comme il est dit aux articles 483 et 372.

485. *Fonds alloués sur le produit de l'octroi et sur les autres fonds communaux.*

Déclaration de recette dûment certifiée, faisant connaître la nature et le montant du crédit ouvert au budget communal ainsi que la date de l'approbation préfectorale.

486. *Coupes ordinaires de bois, soumis au régime* (1).

Comme à l'article 205.

487. *Coupes extraordinaires de bois* (2).

Comme à l'article 239.

488. *Subventions du département ou de l'État.*

Ampliation des arrêtés préfectoraux ou déclaration certifiée par le président de la commission, faisant connaître les sommes ordonnancées au profit de l'établissement, ou certificat du receveur des finances attestant le montant de la subvention attribuée et encaissée.

489. *Produit des loteries.*

1° Extrait dûment certifié de l'arrêté du préfet ou du sous-préfet, autorisant la loterie jusqu'à concurrence de 2,000 francs.

Pour les loteries d'une somme supérieure, décret du gouvernement;

2° Certificat du président de la commission administrative constatant le nombre de billets émis et placés, le prix du billet et le produit.

(1) Les produits accessoires des bois sont assujettis, comme justifications, aux mêmes règles que celles concernant les communes et auxquelles ils sont assimilés en tous points.

(2) Même observation qu'à l'article 486 en ce qui concerne les coupes extraordinaires.

490. *Produit des droits sur les spectacles, bals, concerts, courses et autres lieux de divertissements où l'on est admis en payant.*

Dans le cas où ce produit est perçu accidentellement et en dehors de toute régie ou contrat préalable, il y a lieu de produire une déclaration de recette certifiée par le président de la commission administrative.

En régie simple : extrait certifié des droits perçus.

Droits perçus en ferme :

1° Copie du bail, enregistré et approuvé par le préfet;

2° Extrait du cahier des charges;

3° Justification de la réalisation du cautionnement, s'il y a lieu.

Les pièces n°s 1 et 2 sont produites sur papier libre à l'appui du premier compte et sur papier timbré à l'appui du dernier.

Droits perçus en régie intéressée :

Avec le premier acompte :

1° Copie non timbrée du traité approuvé par le préfet et enregistré;

2° et 3° Comme il a été dit pour les droits perçus en ferme.

De plus, avec le compte de chaque exercice, état des bénéfices partagés avec le régisseur.

En fin de bail et après apurement :

1° État définitif des bénéfices et, de plus, les pièces désignées sous les n°s 1 et 2 des droits perçus en ferme. (*Voir* ci-dessus.)

490 bis. *Journées de malades civils.*

État détaillé des malades avec décompte des journées dues et indication du prix de la journée, arrêté par le président du conseil d'administration.

491. *Journées de militaires malades, etc.*

Décompte arrêté contradictoirement entre la commission administrative et l'intendant militaire, ou certificat du président de la commission relatant, avec les numéros et les dates, les mandats de remboursement émis sur la caisse du receveur des finances.

492. *Pensions à prix de journées.*

Pour la première fois :

1° Ampliation de l'arrêté qui a fixé le prix de la journée;

2° État nominatif trimestriel et portant décompte.

493. *Pensions avec traités.*

La première année, ampliation non timbrée et portant mention de l'enregistrement du traité intervenu; expédition timbrée à l'appui du compte de l'année où le traité a pris fin; de plus, comme à l'article 492, § 2.

494. *Rachat de pension.*

S'il s'agit de la cession d'un capital moyennant admission du cédant à titre de pensionnaire :

1° Expédition timbrée de l'acte de cession notarié;

2° Délibération de la commission administrative approuvée par le préfet;

3° Ampliation de l'arrêté du préfet qui a fixé le prix de la journée. (*Voir* 523.)

495. *Produit de la vente des bestiaux.*

État détaillé certifié par l'économe et visé par le président de la commission.

496. *Produits de la pharmacie, des bains, etc., etc.*

État des livraisons faites, etc., etc., avec évaluation en deniers, certifié par l'économe et visé par le président de la commission administrative.

497. *Produit du travail de la maison, de l'ouvroir, etc., etc.*

État détaillé des objets confectionnés, avec évaluation en deniers, certifié par l'économe et visé par le président.

498. *Produit de la vente des effets des malades et pensionnaires décédés dans les hospices.*

Procès-verbal d'adjudication T, traité de gré à gré, timbré, ou autres qui ont déterminé le prix et les conditions.

Ne sont pas considérés comme effets, les bijoux et valeurs mobilières.

499. *Dons, aumônes, quêtes et collectes.*

En matière de dons manuels, les receveurs (circ. du 15 novembre 1861) sont autorisés à les encaisser sans titres, sous la réserve expresse que la situation soit régularisée sans retard, à la diligence du président de la commission administrative qui doit adresser à la sous-préfecture un titre régulier de perception.

En dehors de ces cas particuliers :

État certifié des produits visé par le président.

Les quittances délivrées par les receveurs pour dons et souscriptions sont passibles du timbre à 25 centimes. Celles pour l'encaissement d'aumônes, quêtes et produits des troncs en sont affranchies.

499 bis. *Droit des pauvres.*

État présentant le montant brut des recettes passibles du droit, le calcul de ces droits et le montant net à percevoir, visé par le président du conseil d'administration, arrêté par le préfet ou le sous-préfet.

500. *Produit des troncs et quêtes.*

État certifié par l'administrateur ou le président de la commission.

501. *Amendes et confiscations à différents titres.*

Ampliation des états de distribution des amendes arrêtés par le préfet, ou certificat du président de la commission administrative relatant les allocations faites à l'établissement.

502. *Produit de la vente des denrées de toute nature excédant les besoins de l'établissement.*

Copie T du procès-verbal d'adjudication ou du traité de gré à gré, ou état détaillé des produits; et, s'il y a lieu, les mercuriales.

Lorsque la recette doit être réalisée en plusieurs années, les actes de vente sont produits sur papier libre à l'appui du compte de la première année. Dans ce cas, les comptables doivent mentionner que la copie en due forme sera jointe à fin de bail. (*Voir* 57 et 211.)

Dans le cas où ce produit est encaissé en vertu d'états détaillés, ces états doivent établir l'origine des produits vendus.

503. *Attributions d'un tiers sur les concessions de terrains au cimetière.*

État détaillé certifié par le maire, visé par le président de la commission, avec indication des dates de constitution et d'enregistrement des actes, le montant total des concessions données ainsi que le quantum revenant à l'établissement.

504. *Cession d'objets mobiliers de toute nature par les pensionnaires de l'hospice.*

Copie T de l'acte de cession, contenant le détail et l'évaluation en argent des objets cédés, dûment approuvé par le préfet.

Copie des actes constitutifs de rentes, pensions, revenus, etc., etc., T, enregistrée et approuvée. (*Voir* 226, 227 et 228.)

505. *Cession de valeurs mobilières affectées au rachat de pensions.*

Voir les justifications de 494 et 523.

506. *Assistance aux enterrements.*

État ou déclaration de recette certifiée par le président de la commission.

507. *Remboursement des frais d'inhumations, suaires, cercueils, etc.*

État détaillé ou déclaration de recette certifiée par le président de la commission.

Nota. — Les dépenses pour frais d'inhumations, suaires, cercueils, etc., etc., avancées par l'établissement, sont justifiées par la production des mémoires ou factures timbrées, suivant le cas, des fournisseurs réels; les comptables devront indiquer par une mention de référence que ces dépenses sont classées dans le compte de gestion, et faire connaître en outre les numéros et l'année auxquels elles se rapportent.

508. *Frais de séjour d'enfants assistés à la charge de l'État.*

État détaillé, dûment certifié, des mandats ordonnancés au bénéfice de l'établissement.

509. *Frais de séjour d'enfants assistés ou de malades à la charge des départements et des communes.*

Comme à l'article 508.

510. *Pensions des élèves sage-femmes, des sœurs attachées à des services étrangers, des postulantes, orphelines, etc., etc.*

1° Ampliation des délibérations approuvées déterminant le prix de la pension;

2° État détaillé et nominatif des pensionnaires.

511. *Recettes de l'externat et de l'internat.*

1° Rôles dûment certifiés et rendus exécutoires par le préfet;

2° Réductions de rôles et annulations de titres dûment certifiées et approuvées.

512. *Évaluation en argent des denrées et produits consommés dans l'établissement.*

État détaillé avec indication des produits par nature, par quantité, et évaluation en argent au cours des mercuriales.

État des mercuriales.

513. *Produit de l'amortissement de rentes ou rachat de rentes.*

1° Ampliation de l'arrêté du préfet autorisant les remboursements qui ont été faits sous la déduction d'un cinquième du capital, en vertu de l'instruction du ministère de l'intérieur du 24 septembre 1825 ;

2° Décompte T signé par le débiteur, visé par le président et arrêté par le préfet, indiquant la rente annuelle, le taux, l'échéance, le capital et la date de l'amortissement.

Ces dispositions sont applicables aux rachats volontaires, effectués par le débiteur, de rentes perpétuelles constituées d'après l'article 1909 du Code civil. (Art. 1911 du même code; *voir* 241, 242, 247.)

514. *Remboursement de capitaux échus.*

Ampliation T des actes constitutifs de rentes. (*Voir* 241, 242, 247.)

515. *Vente de meubles et immeubles.*

L'aliénation des immeubles formant la dotation des hospices, hôpitaux et bureaux de bienfaisance ne peut avoir lieu que sur l'avis conforme du Conseil municipal.

1° Ampliation de l'arrêté autorisant la vente;

2° Copie T du procès-verbal d'adjudication ou de l'acte de vente amiable qui a déterminé le prix et les conditions, portant mention de l'enregistrement;

3° Copie T du cahier des charges, s'il y a lieu;

4° Décompte de la recette en principal et intérêts, certifié par le receveur et visé par le maire;

5° Justification de la réalisation du cautionnement, suivant le cas.

Les pièces n°s 2 et 3 sont fournies sur papier libre pour une justification provisoire.

Pour les ventes verbales de peu d'importance : état dûment certifié par l'ordonnateur, indiquant les noms des débiteurs, les dates des ventes, etc., etc.

516. *Legs et donations.*

Si la libéralité est faite à un bureau de bienfaisance :

Ampliation de l'arrêté du sous-préfet qui a statué sur l'acceptation des dons ou legs d'objets mobiliers ou des sommes d'argent, lorsque la valeur n'excède pas 3,000 francs et qu'il n'y a pas de réclamation des héritiers.

L'avis du Conseil municipal doit toujours être demandé.

Comme aux articles 226 et 227.

Nota. — Les droits d'enregistrement sont suspensifs jusqu'à l'approbation du préfet.

517. *Forcement en recette et amendes encourues pour retard dans la présentation des comptes.*

Ampliation de l'arrêté du Conseil ou de l'arrêt de la Cour qui a prononcé le forcement ou l'amende; ou, à défaut, déclaration de recette en la forme ordinaire certifiée par le président de la commission.

Dans le cas de versement volontaire : état explicatif dressé et certifié par le comptable et visé par le président de la commission.

518. *Produit de la vente de rentes sur l'État et autres valeurs.*

Comme à l'article 246.

519. *Emprunts à des particuliers, à la Caisse des dépôts, au Crédit foncier, aux communes, etc., etc.*

Comme à l'article 231.

520. *Subvention à différents titres.*

Comme à l'article 232.

521. *Biens appartenant aux malades décédés avant leur sortie.*

Expédition T du jugement qui envoie l'établissement en possession.

522. *Biens appartenant aux pupilles décédés avant leur émancipation ou leur majorité.*

Comme à l'article 521.

523. *Abandon d'objets mobiliers pour faire admettre des pensionnaires à l'hospice.*

1° Acte notarié d'abandon, non timbré pour une justification provisoire; timbré avec le compte final;

2° Décision du préfet autorisant l'acceptation;

3° Copie T de la signification aux débiteurs de l'acte d'abandon.

524. *Abandon de biens immobiliers pour faire admettre les pensionnaires.*

Comme à l'article 523 et, de plus :

4° Bordereau des inscriptions hypothécaires;

5° S'il y a lieu, les pièces constatant que la purge des hypothèques a eu lieu, conformément à l'article 2194 du Code civil.

525. *Recettes accidentelles et imprévues.*

Titres, actes, certificats ou bulletins de recette, timbrés ou non suivant le cas, qui constituent les produits, et états dûment arrêtés qui en déterminent le montant.

Nota. — Les recettes des établissements hospitaliers pour lesquelles les lois et règlements n'ont pas prescrit un mode spécial de recouvrements, s'effectuent sur des états T dressés par le président de la commission, sur la proposition de la commission administrative, et rendus exécutoires par le sous-préfet.

DÉPENSES

526. *Traitement du receveur.*

Comme à l'article 274.

527. *Appointements, gages et salaires des employés, agents et préposés.*

Comme aux articles 262, 278.

528. *Pensions de retraites à d'anciens employés.*

Comme à l'article 324.

529. *Frais de bureau, de timbre et impressions.*

Comme aux articles 263, 270, 272, 273.

530. *Frais de procédure.*

Comme aux articles 356 à 359.

531. *Dépenses imprévues.*

Comme à l'article 354.

532. *Contributions.*

Comme aux articles 289, 290, 439.

533. *Assurances contre l'incendie.*

Comme à l'article 291.

534. *Entretien et réparations à différents titres.*

Voir les articles correspondants dans la nomenclature des communes.

535. *Rentes à divers.*

Comme à l'article 324.

536. *Fondations de messes et de services religieux.*

État détaillé T au-dessus de 10 francs, faisant connaître l'emploi des crédits et l'exécution des dispositions de la fondation.

Dans le cas où cette dépense serait faite par voie d'abonnement ou de forfait, le mandat délivré par l'ordonnateur devrait en faire mention ; on serait alors dispensé de la production de l'état détaillé.

537. *Intérêts divers et à divers.*

Voir article 372.

537 bis. *Fourniture de tabacs aux vieillards.*

Mandat timbré, suivant le cas, acquitté par le buraliste.

Dans ce cas, comme en matière de vente de papier timbré, il n'y a pas lieu de produire de mémoire timbré, attendu que l'acquittement du prix de la marchandise résulte de la livraison.

538. *Contingents divers à la charge de l'établissement : enfants assistés, aliénés, indigents, etc., etc.*

Comme aux articles 318 et 319.

539. *Secours aux indigents.*

1° Pour les secours en nature :

Mémoire timbré du fournisseur, donnant le détail par date, par personne et par quantité des fournitures faites, arrêté par l'ordonnateur de la dépense ou, à défaut du détail par date et par personne, bons individuels ou états nominatifs de distributions.

2° Pour les secours en argent :

Bons individuels acquittés par la partie prenante ou état nominatif de distribution, certifié par l'ordonnateur et émargé par les parties prenantes.

540. *Abonnement à diverses publications.*

1° Certificat constatant l'inscription à l'inventaire ou au catalogue;

2° Quittance de l'éditeur.

541. *Achat de rentes sur l'État ou d'autres valeurs reconnues.*

Comme à l'article 429.

542. *Frais de culte.*

Mémoire T des fournisseurs réels certifiés par l'ordonnateur.

543. *Dépenses de l'orphelinat, du pensionnat, des crèches, ouvroirs, etc., etc.*

Comme à l'article 263.

544. *Menus objets de consommation.*

Mémoires timbrés des fournisseurs, certifiés par l'ordonnateur jusqu'à 300 francs; au-dessus de cette somme, *voir* l'article 263 et autres.

545. *Traitement des médecins, pharmaciens, etc.*

Quittance T des parties prenantes. (*Voir* art. 262.)

545 bis. *Dépenses de la pharmacie.*

Mémoires timbrés. (*Voir* art. 263.)

546. *Traitement du personnel spécial.*

Comme à l'article 262.

547. *Traitement des aumôniers.*

Comme à l'article 545.

548. *Salaire des gens de journées.*

Comme à l'article 262.

549. *Vestiaire des sœurs.*

Comme à l'article 263.

550. *Fourniture de mobilier, coucher, lingerie, habillement et chaussure.*

Comme aux articles 263 et 297.

551. *Fournitures de pain, blé, farine, viande, bière, vin, cidre, comestibles, épicerie, blanchissage, chauffage, éclairage, médicaments, etc., etc.*

Comme à l'article 550.

Nota. — Les dépenses inscrites sous les articles 544, 550 et 551 pourront être faites en dehors des règles tracées aux articles 263 et 297 lorsque, antérieurement à l'ouverture de l'exercice, le conseil d'administration, par une délibération motivée et régulièrement approuvée, a décidé que les fournitures pour cet exercice seraient faites, par voie d'économie, par tels ou tels fournisseurs qu'il aura désignés, et ce, sous les conditions particulières déterminées dans la délibération.

Dans ce cas, la dépense est justifiée par la production de :

1° Délibération approuvée;

2° Mémoire timbré des fournisseurs réels, avec détail des dates, nature, quantités des fournitures; le prix de l'unité devra être indiqué. On ne saurait admettre, dans l'espèce, de mémoires de fournitures payées à des tierces personnes, sous la rubrique de *remboursement d'avances*. Cette manière de procéder, tolérée dans certains cas exceptionnels, doit être rigoureusement proscrite pour les dépenses dont s'agit.

552. *Achat de livres pour le personnel assisté.*

Mémoire T du fournisseur, avec indication des numéros de l'inventaire ou du catalogue.

553. *Dépenses des produits en nature consommés dans l'établissement.*

État dûment certifié des produits, avec leur évaluation en deniers. (*Voir*, pour les mercuriales, les articles 477, 481, 502.)

554. *Constructions, grosses réparations, acquisitions d'immeubles, échanges.*

Comme aux articles 377, 374 et autres, 388 et suivants.

555. *Achat d'objets d'art ou de précision.*

Comme à l'article 431.

556. *Dépenses imprévues.*

Comme à l'article 354.

SERVICES HORS BUDGET

RECETTES

557. *Fonds de retraites.*
Comme à l'article 448.

558. *Dépôts de garantie et cautionnements pour adjudications et marchés.*
Comme à l'article 451.

559. *Retenues pour le service des pensions civiles.*
Comme à l'article 453.

560. *Retenues en vertu d'oppositions.*
Comme à l'article 454.

561. *Fonds appartenant aux enfants assistés ou deniers pupillaires.*
État des sommes reçues pour le compte de chaque enfant, certifié par le président de la commission administrative.

562. *Dépôts d'argent et d'objets précieux.*
État détaillé des recettes certifié par le président de la commission.
Les quittances délivrées aux déposants par les receveurs ne sont pas soumises au timbre à 25 centimes.

563. *Recettes faites avant l'ouverture de l'exercice.*
Comme à l'article 458.

564. *Excédents de versements.*
Comme à l'article 452.

565. *Retenues au profit d'asiles.*
Comme à l'article 461.

DÉPENSES

566. *Payement de retraites et pensions.*
Comme à l'article 462.

567. *Remboursement et emploi en cautionnements de dépôts de garantie pour adjudications et marchés.*

Comme à l'article 465.

568. *Versement des retenues ou oppositions.*

Comme à l'article 467.

569. *Versement ou emploi des deniers pupillaires.*

Pour les placements de fonds, la preuve de ce placement conformément aux règles tracées dans la nomenclature et, dans le cas où à la majorité de l'enfant une somme lui aurait été remise, quittance de l'enfant et compte de tutelle.

570. *Dépôts d'argent et d'objets précieux.*

1° Quittances des ayants droit pour les objets restitués et qui doivent être estimés en argent; 2° état des objets qui auraient été vendus au profit de l'établissement; 3° état des objets restant en dépôt; ces deux états certifiés par un membre de la commission administrative.

571. *Application des recettes faites avant l'ouverture de l'exercice.*

Comme à l'article 470.

572. *Excédents de versements sur les produits de l'établissement.*

Comme à l'article 466.

573. *Versement des retenues opérées au profit d'asiles.*

Comme à l'article 472.

ASSOCIATIONS SYNDICALES AUTORISÉES

RECETTES

574. *Taxes de curage, d'arrosage et d'entretien des travaux entrepris.*

Avant l'apurement : 1° Copie de l'exécutoire du rôle, certifié par le directeur de l'association, avec mention de l'arrêté du préfet et énonciation du montant général à recouvrer;

2° Délibérations approuvées portant annulation ou décharge.

Après apurement : 1° rôle exécutoire recouvré; 2° délibérations portant annulation ou décharge.

Les délibérations doivent être appuyées des expéditions en forme des arrêtés du Conseil de préfecture ou des arrêts du Conseil d'État, rendus sur les réclamations individuelles des imposés. Les cote irrecouvrables sont signées par le préfet.

Toutes ces pièces doivent, comme en la forme ordinaire, porter la mention du receveur et du directeur constatant les émargements au rôle et être revêtues de leurs signatures.

Les rôles de l'espèce aussi bien que les registres et quittances sont exempts des droits de timbre. (Minist. finances, 27 décembre 1857.)

575. *Intérêts des fonds placés au Trésor.*

Comme à l'article 200.

576. *Emprunts à des particuliers, à la Caisse des dépôts ou à des établissements financiers.*

Comme à l'article 281.

577. *Ventes d'immeubles et de meubles, soulte d'échanges.*

Comme à l'article 515.

Nota. — Il y a lieu de remarquer que les certificats et visa donnés, par les maires pour les communes, par les présidents de commissions administratives pour les établissements de bienfaisance et autres, sont ici remplacés par ceux du président du syndicat.

En cas d'échange, lorsqu'il donne lieu au payement d'une soulte :

Comme aux articles 377, 374, 388 et autres.

578. *Subvention de l'État, du département et des communes.*

Comme à l'article 232.

579. *Fermage des berges, locations de terrains, produit des oseraies, de feuilles de mûriers, etc., etc.*

A l'appui du compte de la première année et pour les renouvellements opérés dans l'année :

1° Copie non timbrée, enregistrée et approuvée de l'acte intervenu;

2° Extrait non timbré du cahier des charges;

3° Justification de la réalisation du cautionnement, s'il y a lieu.

Pour les acomptes intermédiaires, certificat du directeur-président, faisant connaître la somme à recouvrer.

A l'expiration du bail et, avec le payement final, les pièces désignées sous les n°s 1 et 2 doivent être fournies sur timbre.

Les comptables devront appliquer aux comptes des syndicats les règles données pour les communes et établissements.

580. *Intérêts de rentes et créances.*

Comme à l'article 198.

581. *Rentes sur l'État, sur le Crédit foncier et autres valeurs.*

Comme aux articles 196 et 197.

582. *Produit des concessions d'eaux.*

Comme à l'article 199.

583. *Dons et legs.*

Comme aux articles 225 et 516.

583 bis. *Produit des excédents non remboursés à la fin de la deuxième année.*

État certifié par le trésorier et visé par le directeur-président.

584. *Souscriptions volontaires.*

Comme à l'article 221.

585. *Recettes accidentelles et imprévues.*

Comme à l'article 525.

De plus, les syndicats bénéficient de l'exemption du timbre sur les états de recettes ainsi qu'il a été dit à l'article 574.

DÉPENSES

586. *Réparations, entretien, curage, repurgement, redressement et construction.*

Ces travaux sont exécutés dans la forme ordinaire : par économie, par régie et par entreprise.

Voir pour les justifications les articles 263, 297, 374 et autres.

586 bis. *Frais de bureau, fournitures diverses, travaux de bureau.*
Comme à l'article 263.

587. *Frais de déplacements.*
Mémoire T de l'intéressé, arrêté par le directeur du syndicat.

587 bis. *Frais de correspondance, de timbres-quittances et autres.*
État détaillé T des timbres-poste, timbres-quittance, comme à l'article 586.

Les dépenses de cette nature peuvent être faites sous la rubrique *remboursements d'avances.*

588. *Indemnités à divers titres.*
Quittance T, suivant le cas des intéressés.

589. *Frais et impressions.*
Comme à l'article 263.

590. *Achat d'objets d'art ou de précision.*
Comme à l'article 432.

591. *Acquisitions et échanges d'immeubles.*
Comme aux articles 374, 377 et 388, etc., etc.

592. *Frais nécessités par les expropriations.*
Pour les dépens, selon qu'il a été appliqué la procédure ordinaire ou la procédure exceptionnelle.

1° Exécutoire des dépens T du magistrat directeur et état de ces dépens dressé par le greffier et taxé par le magistrat directeur, ou :

2° Ordonnance du président du tribunal civil taxant les dépens.

Pour les remboursements de frais par les receveurs de l'enregistrement :

1° État rendu exécutoire par le magistrat directeur;

2° Quittance du créancier réel justifiant l'avance;

3° Quittance du receveur de l'enregistrement.

Dans ces remboursements sont comprises les indemnités de transport du magistrat directeur et de son greffier et celles allouées aux jurés et aux personnes appelées pour éclairer le jury; ces indemnités n'entrent pas dans la taxe des dépens.

593. *Établissement de servitudes conformément aux lois : occupations de terrains, dépôts, extractions ou dommages aux propriétés.*
Copie T de la convention, dans le cas de convention amiable.

Dans le cas contraire, copie ou extrait T de la décision du juge de paix devant lequel l'affaire a été portée en premier ressort et jugée.

S'il y a expertise, copie ou extrait T du tribunal civil fixant l'indemnité.

594. *Remboursements de cotisations aux particuliers, lorsque les produits que les dégrèvements concernent sont consommés.*

1° Quittance à souche ou duplicata de cette quittance constatant le payement de cette cotisation;

2° Expédition T de l'arrêté du Conseil de préfecture qui accorde la décharge.

595. *Frais de procès.*

1° État détaillé des frais T, dressé par l'avoué et taxé par le président du tribunal, ou exécutoire T des dépens, ou avertissement établissant la somme due à l'État.

2° Extrait T ou signification T du jugement ou de l'arrêté qui a prononcé la condamnation et accordé, s'il y a lieu, distraction des dépens avancés au profit de l'avoué.

3° Quittance de l'ayant droit ou quittance à souche T du receveur de l'enregistrement.

Lorsqu'il s'agit de frais dont le recouvrement doit être suivi contre la partie adverse, l'exécutoire peut être remplacé par une copie T certifiée, revêtue de la mention que l'original est retenu pour servir de titre de créance.

596. *Contributions directes des propriétés syndicales et autres taxes.*

Comme à l'article 289.

597. *Remises du receveur du syndicat.*

Décompte des remises sur les recettes et les dépenses possibles de remises, dressé par le trésorier receveur, certifié par le directeur du syndicat et visé par le receveur des finances.

Il doit être établi au moins deux décomptes, l'un au 31 décembre, le second au 31 mars, pour l'exercice prenant fin à cette date et qui prend son nom de l'année terminée au 31 décembre précédent.

Pour le dixième en plus, il est procédé comme pour les communes. (*Voir* art. 274.)

598. *Traitement du secrétaire du syndicat.*
Comme à l'article 262.

599. *Gages et salaires des agents et préposés.*
Comme aux articles 262, 278 et 330.
Il y a lieu de comprendre, sous cette désignation générale, les gardes de canal, crieurs d'eaux, surveillants de l'arrosage, gardes particuliers, agents divers, piqueurs, conducteurs, gardes brigadiers, gardes cantonniers, garçons de bureaux, etc., etc.

600. *Honoraires des officiers ministériels, greffiers et experts.*
Comme à l'article 356.

601. *Honoraires aux architectes.*
Comme à l'article 355.

602. *Remboursement d'emprunts.*
Comme à l'article 371.

603. *Intérêts d'emprunts.*
Comme à l'article 372.

604. *Droits d'enregistrement.*
Quittance du receveur de l'enregistrement pour les droits payés à sa caisse, timbrée au-dessus de 10 francs.

605. *Frais de poursuites tombés en non-valeurs.*
Comme à l'article 446.

606. *Frais de transcription, purge, etc., etc.*
Comme à l'article 359 pour la purge. État détaillé, non timbré, délivré par le conservateur des hypothèques pour les frais de transcription.

607. *Frais de confection des rôles et avertissements.*
S'il s'agit d'une indemnité fixe, quittance T, s'il y a lieu, de l'intéressé. Dans le cas contraire, état détaillé T, certifié par l'ayant droit et approuvé par le directeur du syndicat, si l'allocation est proportionnée au nombre d'articles.

607 bis. *Dépenses imprévues.*
Comme à l'article 354; la dépense ordonnancée par le président directeur.

SERVICES HORS BUDGET

RECETTES

608. *Dépôts de garantie et cautionnements pour adjudications et marchés.*
Comme à l'article 451.

609. *Excédents de versements sur les cotisations syndicales.*
Comme à l'article 452.

610. *Recettes faites par anticipation.*
Comme à l'article 458.

DÉPENSES

611. *Remboursement et emploi en cautionnements des dépôts en garantie pour adjudications et marchés.*
Comme à l'article 465.

611 bis. *Excédents de versements sur les cotisations syndicales.*
Comme à l'article 466.

612. *Application des recettes faites par anticipation.*
Comme à l'article 470.

ANNEXE

MODÈLE DE CERTIFICAT DE PROPRIÉTÉ A DÉLIVRER PAR UN JUGE DE PAIX

Je soussigné (*nom et prénoms*), juge de paix du canton de....., certifie, conformément au décret impérial du 18 septembre 1806, et sur l'attestation de (*noms, prénoms, qualités et résidences des deux témoins*), que le sieur (*nom, prénoms et qualités du titulaire*) est décédé à....., le....., *ab intestat;* qu'après son décès il n'a pas été fait d'inventaire, et que N. ou NN. (*désigner les noms, prénoms, qualités, résidences, arrondissement et département de tous les ayants droit*) a *ou* ont seuls droit de recevoir le payement de la somme de....., provenant de.....

(Ce certificat énonce la portion afférente à chacun des ayants droit, et, s'il y a des mineurs, le nom des tuteurs qui ont droit de toucher pour eux.)

Fait à.....

Nota. — Ces sortes de certificats de propriété ne doivent et ne peuvent être délivrés par un juge de paix qu'autant qu'il n'existe aucun acte de transmission de propriété passé devant notaire. S'il en existe, ils doivent être délivrés par les notaires détenteurs des minutes desdits actes.

Ce certificat doit être légalisé.

MODÈLE DE CERTIFICAT DE PROPRIÉTÉ A DÉLIVRER PAR UN GREFFIER

Je soussigné (*nom et prénoms*), greffier du tribunal de....., département de....., certifie, conformément au décret impérial du 18 septembre 1806, que, par jugement dudit tribunal en date du....., N.

ou NN. (*nom, prénoms et qualités*) a *ou* ont été déclarés propriétaires du cautionnement fourni par le sieur (*nom, prénoms et qualité*), et que ledit *ou* lesdits..... a *ou* ont droit de recevoir le remboursement dudit cautionnement, en capital et intérêts.

Fait à.....

Nota. — Ce certificat énoncera la partie afférente à chacun des ayants droit; la qualité dans laquelle cette portion lui est dévolue: si c'est comme héritier, donataire, légataire ou créancier. Il contiendra les noms des tuteurs des mineurs, s'il en existe, et enfin il devra être légalisé par le président.

MODÈLE DE CERTIFICAT DE PROPRIÉTÉ A DÉLIVRER PAR UN NOTAIRE

Je soussigné (*nom et prénoms*), notaire à (*résidence, arrondissement et département*), certifie, conformément aux dispositions du décret impérial du 18 septembre 1806, que N. *ou* NN. (*mettre les noms, prénoms, qualités, résidences, arrondissements et départements de tous les ayants droit*) a *ou* ont seuls droit de recevoir le capital et les intérêts du cautionnement de (*nom, prénoms, qualité, résidence, arrondissement et département*).

Nota. — Il faudra aussi indiquer, lorsqu'il y aura plusieurs ayants droit, la portion revenant à chacun; à quel titre il en est propriétaire, soit comme héritier, comme donataire ou légataire, comme concessionnaire, soit enfin en vertu d'abandon fait par le partage de la succession du titulaire décédé. Il sera également nécessaire de relater les différents actes de transmission de propriété, tels qu'inventaire, partage, transport, donation et testament, soit olographe, soit devant notaire. S'il s'agit d'un testament olographe, on énoncera que le légataire s'est fait envoyer en possession de son legs, et on relatera l'ordonnance rendue par le président du tribunal, à l'effet dudit envoi en possession.

Si le titulaire décédé a laissé une veuve commune ou non commune, le certificat en fera mention, ainsi que de son droit de propriété, si elle est commune.

Si le titulaire est décédé célibataire, il en sera fait mention. Si dans le nombre des ayants droit il y a des tuteurs, soit naturels, soit judiciaires, il faudra les dénommer et énoncer leurs résidences, arrondissements et départements, ensemble les noms et les titres des mineurs qu'ils représentent. Il en sera de même des interdits.

Le notaire terminera son certificat de la manière suivante :

Le tout ainsi qu'il résulte des actes sus-énoncés, soit inventaire, soit partage, transport, donation ou testament.

Le tout étant en ma possession.

Fait à.....

Ce certificat devra être légalisé par le président du tribunal.

MODÈLE D'UN ACTE DE PROPRIÉTÉ DÉLIVRÉ PAR UN MAIRE, A LA SUITE D'UN DÉCÈS, POUR LE PAYEMENT D'UN MANDAT

Nous soussigné, N., maire de la commune de....., arrondissement de....., département de....., certifions, sous notre responsabilité personnelle et sur l'attestation des sieurs (*noms, prénoms, qualités et demeures des deux témoins majeurs*), que le sieur (*nom, prénoms, qualité, célibataire ou marié, profession et domicile du défunt*), né à....., le....., est décédé, *ab intestat*, à....., le.....; qu'après son décès il n'a pas été fait d'inventaire et qu'il a laissé pour seuls et uniques héritiers (*désigner avec soin les noms, prénoms, qualités, professions et domiciles de tous les héritiers, ainsi que le degré de leur parenté avec le décédé*).

En conséquence, les dénommés ci-dessus ont seuls droit de toucher et recevoir le payement de la somme de....., provenant de.....

En foi de quoi nous avons délivré le présent certificat pour servir aux héritiers du sieur N. à toucher ladite somme de....., due à ce dernier, suivant mandat délivré en sa faveur sur l'exercice 18....., le....., sous le n° ....., par M. le.....

A.....

Les témoins, Le maire,

Nota. — La signature du maire sera légalisée par le sous-préfet.

MODÈLE D'ACTE ADMINISTRATIF PORTANT QUITTANCE

Commune de....

(*Désignation de la dépense.*)

Quittance administrative.

Nous, maire de la commune de....., soussigné,

Vu l'article 56 de la loi du 3 mai 1841 ;

Vu les articles 709 et 1005 de l'Instruction générale du 20 juin 1859 ;

Attendu qu'il résulte de (*désigner le titre et la date de la vente*), que le sieur (*indiquer les nom, prénoms et domicile du vendeur*), a vendu (ou cédé) à ladite commune (*désigner ici l'immeuble vendu ou cédé*), moyennant la somme de.....;

Et attendu que le sieur N. ne sait pas signer et ne peut pas dès lors donner quittance au receveur municipal de la somme qui lui est due ;

Déclarons que le présent acte est destiné à donner quittance à M. N....., receveur municipal de la commune de....., de ladite somme de..... (*en toutes lettres*) due audit sieur N....., pour indemnité de dépossession de (*désigner l'objet cédé, vendu ou exproprié*). Cette somme a été ordonnancée à son profit, par mandat du maire de....., en date du.....

La remise du présent acte, entre les mains du receveur municipal par le créancier, vaudra libération à ce comptable.

Fait à....., le..... 18...

Le maire,

Nota. — Cette quittance sera visée pour timbre et enregistrée gratis. La signature du maire devra être légalisée par le sous-préfet.

TABLE

ALPHABÉTIQUE ET ANALYTIQUE

DES MATIÈRES

A

B

C

D

E

F

G

H

I

J

L

N

O

P

Q

R

S

T

U

V

FIN DE LA TABLE.

www.ingramcontent.com/pod-product-compliance
Ingram Content Group UK Ltd.
Pitfield, Milton Keynes, MK11 3LW, UK
UKHW020326230726
13925UKWH00002B/658